大專用書

政治學

凌渝郎　著

三民書局　印行

國家圖書館出版品預行編目資料

政治學 / 凌渝郎著.－－初版二刷.－－臺北市；三
民，民90
　　面；　公分

ISBN 957-14-2142-1　（平裝）

1.政治

570　　　　　　　　　　　　　　　　83010786

網路書店位址　http://www.sanmin.com.tw

© 政　治　學

著作人　凌渝郎
發行人　劉振強
著作財
產權人　三民書局股份有限公司
　　　　臺北市復興北路三八六號
發行所　三民書局股份有限公司
　　　　地址／臺北市復興北路三八六號
　　　　電話／二五○○六六○○
　　　　郵撥／○○○九九九八－－五號
印刷所　三民書局股份有限公司
門市部　復北店／臺北市復興北路三八六號
　　　　重南店／臺北市重慶南路一段六十一號
初版一刷　中華民國八十三年十二月
初版二刷　中華民國九十年十月
編　號　S 57061
基本定價　陸　元
行政院新聞局登記證局版臺業字第○二○○號

此書獻給　父母

自 序

　　選課的學生祇要熟記教授講課之教材，授課的教授祇要了解課本的內容，課本的作者則要對專業知識有全盤的精和通，且能有系統。白紙黑字寫下來，三者均對某種知識有所了解，祇是程度上不同。我在美國近三十年，前六年苦讀時身為學生，後二十餘年任職教授頗自豪，但也是為他人傳聲而已，傳的是別人的道。

　　一直到去年獲得公休，決定提出寫此書的計畫，獲得執教的 Franklin College 全力支持，方才帶了教學和收集的資料回到我啟蒙的地方，一方面陪伴年邁的父母，一方面寫書想成為夢祈多年的作者，好將多年心得分享與他人。

　　當提筆寫時方知其不易，在家人、友人鼓勵下，花了整整一年才結稿，最大的收穫不是此書的完成，而是每寫完一章才發覺對該章主題有更深的領悟。我同意，書不是任何人可以寫的，但寫書確實是求知的另一途徑。

　　我要感謝 Franklin College 給我一年的假來完成此宏願，也要感謝父母苦心培養之恩，同時感激的是由利子和守一對我全力的支持，尤其要謝的是三民書局同意將此書付梓出版。作者才疏學淺，難免有遺漏不周之處，尚祈讀者指教。

凌渝郎

威廉斯法學講座

新店　1994 年

政治學 目 次

第三章　憲法與個人（Constitution）……………35

第四章　政治意識型態（Political Ideology）………49

第十章　政治文化與政治社會化················· 139

第十一章　利益團體（Interest Groups）·········· 155

第十七章　國際政治（International Politics）…… 247

第十八章　國際法和國際組織（International Law & International Organizations）……… 273

緒　論

　　人爲萬物之靈，可以主宰自己，也可掌控別人，因而被古希臘哲學大師亞里斯多德比喻爲唯一的政治動物 (Political Animal)，實不過言。亞氏並將研究政治之政治學讚爲一切學問之主 (Master Science)，其實政治學的研究，不管是質或量，和其他社會科學一比就顯得分量不夠一些。近數十年來在學者努力之下，至少在美國已趕上了其他學科，政治學成爲百家爭鳴之主題，更加上新的理論、新的研究方法更使政治學界充滿了生機，書籍論文之出版更似雨後春筍。今天美國政治學學會是美國學術團體會員較多的學會是有原因的。

　　再看共產、社會主義國家，以及新興的國家，政治學落後的現象仍然繼續存在，至於我國，出版業相當發達，民衆購買力亦强，各種書籍、雜誌多如牛毛，這當然是可喜的現象，然而到書店書架上想找些有關基本政治學的書籍，則選擇空間相當有限。

　　近年來我國由經濟掛帥而進入政治民主化、社會多元化的階段，「政治」成爲熱門，在缺乏基本教材下，很多人也缺乏政治之基本知識和觀念。有鑑於此，促使了作者動筆之意念。

　　政治學至今仍然缺乏被大衆公認可接受的理論和政治學研究方法，因此作者亦不採用任何單一理論作爲本書藍本，作者以二十餘年教學心得與自編之講義教材，加上美國出版的政治學導論資料而寫成。作者盡量以深入淺出的筆調來解釋現象和介紹學理，如此不但可爲大學用書，亦可爲一般大衆之讀物。

　　謹告讀者的是，當你讀完此書時，請不要妄想成爲政治學專家，但

　　我保證，至少你可以了解「政治」究竟是怎麼一回事，此書爲你在未來
對政治學作進一步研究時畫出路標（Road map）。

第一章　人與政治

學習目標

何謂政治？
政治之要素與內涵
政治是藝術？還是髒事？
政治學是哲學還是科學？

前　言

　　人的生活是包羅萬千、多采多姿的，在美國最令人津津樂道百談不厭的三大事是運動、性，和政治。談這些主題時，人人有興趣，個個似專家。當然運動和性是不需下定義的，大家已有了共識，但談到「政治」，美國人就沒有我們中國人來得幸運，因爲在我國，中山先生曾對政治兩字下過一通俗易懂的定義：「政，衆人；治，管理。政治乃是管理衆人之事。」至於爲什麼要管？誰來管？管些什麼事？如何去管？問到這些重要問題時，就沒有了答案。

　　本章的目的就是要說明，「政治」這人類現象實在包含太廣，是相當複雜的問題，很不易下定義。過去的人下的定義都不算錯，但也沒全對，因此作者建議要淡視定義，而應重視政治之要素與內涵。

　　有人認爲政治是可能的藝術（Art of the possible），但也有人認爲是髒事（Dirty business）。爲何政治——人類現象會有如此兩極的看法呢？這也是本章要討論的問題。又有些學者認爲政治學是哲學，但有些學者則認爲政治學已是社會科學之一種，因此究竟是哲學還是科學，還是兩者俱是，也是本章要討論的，了解了這些基本問題，讀者即知政治之意義和內涵。

第一節　概說：何謂政治？

　　政治學爲研究「政治」的一門學問，政治學究竟研究些什麼呢？當一位大學新生在選化學、物理、電腦課程時，在上課前一定對上述課程有基本的認識，知道你面臨的是一些什麼問題，但當大一學生選政治學時，很少人可以說出政治學究竟是教些什麼？雖然國人從小就經歷過中

山先生對政治下的定義：管理衆人之事。就憑這句話，也幫不了太大的忙，因此要了解政治學的内涵，首先要了解何謂政治？

"Politics"，政治一詞是由古希臘"Polis"演變而來，其義爲古希臘之城邦──可以自給自足的小城市。亞里斯多德（Aristotle）西方的大哲人將政治定義爲「城邦中一切的活動」（Activities of polis）❶，換言之，發生在城邦中一切人類之行爲和活動均和政治有關。這和中山先生所說政治乃管理衆人之事頗有異曲同工之妙，因爲城邦裡一切的事也即是衆人之事。

在一九七二年美國前總統尼克森競選的一場演講會中，他介紹一位名歌手，說歌手的職業是娛樂業，介紹自己時他說我的職業是「政治」，當時他的語調非常慎重和驕傲，當時的他是現任的總統，是成功的政治人物。很明顯當你把任何事做到近乎完美的地步，你即是藝術家，所以有學者比喻政治爲可能的藝術（Art of the possible）❷；數年後由於水門事件❸，尼克森被迫辭職，很多人的反應是政治是髒事。奇怪的是政治祇是一種人類在羣體生活中的現象，爲什麼這種現象可以被喻爲最完美的藝術，同時也被喻爲最髒的事呢？除非我們能了解政治之要素與内涵，否則我們無法了解究竟政治是何事！

第二節　政治之定義

當人類對現象有困擾，無法理解時，常用下述的方法尋求答案：一、

---

❶參閱 Richard McKeon 和其他學者合著的 *The Basic Works of Aristotle*, New York: Random House, 1941. 見 George Sabine 名著 *A History of Political Theory*, New York, 1964.

❷Edmond Burke 爲英國哲學大師，以強調保守理論而名聞於世。

❸Watergate Incident 水門事件發生在美國前總統尼克森在位期間，由於尼克森總統處理該事件失策，最後被迫辭去總統之職。

借重過去智者之言，二、一般人對此事的看法，三、專家學者的研究，四、科學的方法，因此對政治這現象，我們也可借重上述的方法。

一、傳統方式

權威人士講的話，尤其在傳統的社會裡，深具影響力，我國那句俗語，「不聽老人言，吃虧在眼前」就是這個道理。談到政治也不例外，二千多年前古希臘大哲師亞里斯多德寫過一本書，書名即是 *Politics*，政治。前面曾提過，亞氏將發生在城邦（Polis）❹的一切活動視爲政治。人類的活動和行爲包括太廣了，以今天的生活方式來看，人類的行爲有公共的，也有私人的，公私可以明確的分開，有屬於經濟的行爲，有屬於社會的，屬於文化，以及有屬於政治的，然而亞氏爲什麼將一切行爲均涵蓋在政治中呢？這種無所不包的觀念與當時環境有密切的關係，當時的社會是小國寡民，物質非常難求，因此個人的幸福和社會羣體有密不可分的關係，你個人的事，也即整個社會的事，例如生男育女個人的事影響到人口問題，影響到國防的問題；職業的選擇好似是個人問題，但在小國寡民下，職業之訓練供求分配會影響到社會、經濟問題。因此在互相息息相關下，不但公私不分，更無法也不需要將人類生活行爲定位於純經濟、純文化、或純政治了，人們一切所作所爲均和羣體相關，借中山先生的話，政治成爲政府管理衆人一切的事。

隨時代的成長變化，人類生活變得更複雜了，假如今天再用亞氏的定義謂政治包括一切人類行爲，一定會引起爭議與反彈。人類生活可以分爲私人的、公衆的、經濟的、文化的，當然也有政治性的，亞氏的定義包括太廣是他的缺點。

---

❹參閱 Manheim, Jarol B., and Richard C. Rich, *Empitical Political Analysis; Research Methods in Political Science*, 2nd ed. New York: Longman, 1986.

二、常識眼光看政治

人類除了依賴過去的經驗、過去權威人士的看法外，亦常常用一般人的觀點，即常識（Common Sense）來解釋令人困惑的難題。如果你問一般人什麼是政治？他們會告訴你政治和政府有關係，也即政治是政府的事務，他們更會舉出例子來說明，立法院立法委員討論議案、責詢行政官員是政治；省長巡視水庫、掩埋場是政治；各縣市分發老人年金、在年節期間多派警察疏通交通、打擊犯罪也是政治。所以不管是中央、省、縣地方，祇要政府管的做的事均是政治。這種觀點當然沒錯，但究竟確實是否全對呢？是否政治祇發生在政府裡呢？難不成其他地方就沒有政治這現象了嗎？

我們都知道，政治發生在任何團體中，在工廠、在學校，甚至在家庭均有政治現象。政治發生在任何羣體中，因此如果接受常識對政治下的定義，認爲政治祇發生在政府之中，那就將政治領域定得太狹隘了。

三、權威學者的看法

美國名政治學者拉斯偉爾（Harold Lasswell）❺，他對政治下的定義是「誰得到什麼？何時？何法？」（Who gets What? When? and How?）表面上簡單，其實其意義則深遠。現將其立意解釋如下，因爲在人羣生活中，各人均追求安全（Security），因此各人均要下決定，因而有行動的產生，然而在資源有限的條件下（這也是政治現象發生主要原因之一），你追求你的安全，我追求我的安全，人與人之間一定發生利益上的衝突（Conflict），如果有了衝突，各人用其擁有的力量去

---

❺Harold Lasswell, *Politics: Who gets What, When, How,* New York: McGraw Hill, 1936.

解決紛爭，其結果一定如一位哲學家霍布斯（Thomas Hobbes）的評斷，成為人吃人的世界，如同無法則的森林，在此森林中，無人可以獲得安全保障。因此在羣體生活中，一定要有一決策單位去決定，誰應得些什麼？何時？何法？這由人追求安全所引起的行為，等到和別人有了衝突，由決策者決定誰該得什麼？此解決衝突的過程，即為政治。

再進一步的來看拉斯偉爾的定義，決定誰得什麼時，決策者一定要擁有權力（Power），否則誰會聽呢？所以按拉氏的定義，政治是研究人與人之間權力的關係，所以有人直截了當的說，研究政治就是研究權力的獲得、分配與運用。

我們再來看中山先生對政治下的定義：「管理眾人之事」，「管」就表示一定要有力量，要有權威，因此中山先生對政治下的定義是相當有道理的，管這字用得非常恰當。沒利益衝突又何必要政府去管？政府沒權力怎能管？

四、科學方法看政治：政治是政治體系對資源分配之過程

美國另一位政治學者依斯頓（David Easton）借了物理之基本動力原理創出適用在政治學的系統理論（System theory）❻，他認為政治乃是政治系統對社會上資源作具有拘束力分配的決策（Authoritative allocation of value for a society），而政治系統（Political system）則是為社會資源分配的決策體（Decision-making body），所以他說去研究政治就是研究政治系統的活動與行為。

依斯頓在基本上同意其他學者的看法，人一定要羣居，在羣居生活

---

❻David Easton, *A System Analysis of Political Life*, Chicago University Press, 1965.

中一定有衝突，在衝突後一定要有一決策體來對該社會作具有拘束力的
分配，依斯頓認為如此的看政治實際可解釋政治是人類羣體現象，不祇
發生在政府中，也發生在任何羣體。更值得提的是他製出了一政治系統
模式，按他的模式，政治現象可以用較科學的方法去研究。

　　依斯頓最初的政治系統理論造型是這樣的：

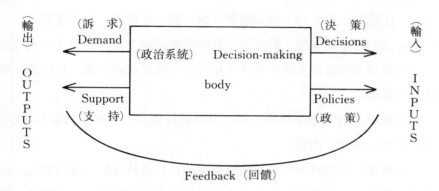

　　該模式是依斯頓於一九六五年在其 *A System Analysis of Political Life*
一書中首次提出。

　　依斯頓政治系統理論提出後，為政治學界提供了一有系統之模式，
不但政治現象可更容易解說，而且可以名正言順將政治學視為社會科學
的一環，由一九六五年一九七○年代，依斯頓名聲達到最高境地，其系
統學在政治學領域中占了領導的地位，到一九八○年代才略為降溫。

　　因為政治系統是如此的重要，茲將其四大要素和三大特性介紹如
下：

　　政治系統可分為四大部分：㈠輸入（Inputs），㈡輸出（Outputs），
㈢政治系統（System），㈣回饋（Feedback）。

　　㈠輸入又可分為　1.需求（Demand），2.支持（Support）。

1.需求可分爲四類：

　(1)物質、服務之需求（Goods and service）。

　(2)規律之需求（Rule of conduct）。

　(3)政治參與的需求（Participation）。

　(4)資訊、溝通的需求（Communication）。

2.支持可分爲二類：

　(1)物質上的支持：例如納稅、服兵役、受教育、守法等等。

　(2)心理上的支持：對政府、對國家的認同等。

㈡輸出乃是政治系統透過決策單位而下的決策和行動，其性質和輸入是一樣的。

㈢政治系統亦即是決策機構，其性質按憲法（如果是國家），或章程（公司、學校）而定。

㈣回饋，如果政治系統下的決策受到社會成員支持，透過輸入，決策系統會繼續其政策；如果社會成員反對或有其他的訴求，也透過回饋作用輸入政治系統，由輸入到政治系統，政治系統再以政策輸出，經過回饋周而復始，這是政治之特性，永遠不斷的下決策。政治乃是政治系統四大部分互動的整個過程。

政治系統有三大特性：

㈠相互依賴（Interdependency），政治系統的四部分是互相依賴的，當一部起了變化，會涉及到其他部分，其他部分也會起變化。

㈡界限（Boundary），任何政治系統一定有範圍，政治系統的權威祇能在界限以內有效。

㈢組織結構（Structure），各政治系統一定有其特有的結構，該結構即爲決策單位。

政治系統理論，不但對亞里斯多德之定義有了改進，因爲亞氏的定義太廣，也對以常識下定義有了修正，因爲常識下的定義太窄，事實是

任何社會之決策機構均可涵蓋在政治系統範圍之中，是依氏定義的最大
優點。當然沒有一理論不受批評的，有些學者認爲政治系統理論太理想
化、太規則了❼。

第三節　政治之要素

作者不盡其煩的介紹上述四種不同方式來看政治，因這四種不同之
觀點在某角度下均有道理，如由另外角度下來看就生了問題，其用意是
要提醒讀者，政治實包含太廣，無法用文字短短幾句可以解釋清楚的，
這和盲人摸象一樣，因此我們也可以了解爲何中山先生對政治下的定義
祇是概括的，不是中山先生沒有想到，而是政治內涵實在太廣太深。作
者認爲與其爲定義費神，不如仔細分析政治之內涵。

一、政治是人類現象（Human Phenomena）

亞里斯多德的名言，「人爲唯一之政治動物」，爲什麼會如此呢？因
爲人無安全感，爲了追求安全，人要不斷的下決定，然而在有限資源下，
衝突成爲必然。人不但可用非理性的方式來解決紛爭，也會用理性的方
式來解決，解決紛爭之過程即是政治。然而試看其他動物，他們祇能用
非理性的方式解決爭端，再看天使們，他們之間無衝突的可能，因此政
治祇發生在人類生活中是人類現象。

二、政治是羣體現象（Group Phenomena）

政治是人與人有了衝突後利用某種行爲解決爭端之過程，因此政治

---

❼參看 Chilocote, *Theories of Comparative Politics.* 在該書中對依斯頓系統論有
　詳細的評論。

祇能發生在羣體之中。美國有一本名爲魯賓遜漂流記的小說，我國讀者對此書早已熟悉。書中有一段敍述有一天魯賓遜在海灘上由土人手中救出一黑人，名爲星期五，某天魯賓遜要星期五去河邊打水，星期五謊稱肚痛，事實上星期五不滿魯賓遜不讓他睡在圍牆中的決定。星期五爲了追求安全要想和主人一起睡在牆內（可能怕野獸），魯賓遜爲了要星期五繼續去河邊取水，因而有了利益上之衝突。魯賓遜不是笨人，在溝通交涉下，魯賓遜答應星期五可以搬進圍牆中睡，星期五才高高興興的跑到水邊取水，這整個過程即可謂之政治。由此一例我們可以說，在星期五未到島上之前，島上是沒有政治的，二人以上共處即是羣體，羣體中人與人才有利益衝突，有了衝突才有政治，所以政治是羣體現象。

三、政治包含衝突與協調 (Conflict and Compromise)

很多動物和昆蟲也是羣體生活，祇有人被稱爲政治動物，其主要原因乃是動物昆蟲在衝突後祇能用非理性的方式來解決，唯獨人類懂得用一些理性的方式，舉如諮商、誘導、脅迫等等，所以有些學者將政治定義爲：人與人在有爭執時，利用商討、引誘、威脅、武力來解決爭端之過程 (Politics is the activities of negotiation, compromise, threat, use of force through which a conflict is resolved.)。因而衝突與協調是政治之要件。也因此，「衝突」和「協調」是政治上解決爭執的兩大工具，無衝突，無協調，就無政治。

四、政治是決策過程 (Decision-making)

上文已提到，人爲了生存，爲了安全之追求，爲了改善其生活，一定要羣居而組成社會，在社會中由於資源之有限，一定會產生衝突，衝突發生後如各人以自己力量去謀求解決之道，社會一定陷於無序混亂的狀態，因此人類在羣體社會中一定要組織起來（至於組織是否嚴密不是

重要問題），有了組織才能由掌權者決定資源之收集和資源之分配，所以決策或政府功能是政治必有的要素。

第四節　政治之性質

一、政治是藝術還是髒事？

討論了政治要素後，我們可以清楚的了解，政治是人類現象，是羣體現象，衝突與協調是政治二大要件，同時政治涉及到決策，按此解釋，政治乃是人類用某種手段去解決紛爭之過程。問題是何以這過程被人認爲是藝術和髒事呢！主要的是所用手段的性質。剛才在前節中提到，政治是人類利用溝通、協調、引誘、威脅等手段解決紛爭之過程，各位看看上述的手段，有些手段被我們的倫理、道德價值觀認爲是可以接受的，有的手段違反了我們的道德價值觀，有時我們會說，某某人爲達到目的就不擇手段，很明顯的我們會覺得有些手段不夠乾淨。可知一社會的道德水準會影響到該社會對政治之評論，甚至每個人的道德觀也影響到他對政治的看法。其實政治是手段的運用，把政治看作爲藝術或髒事則取決於各人價值觀的主觀反應的結果。

因此，「政治」本身祇是解決人類爭端之過程，而這些過程被人用價值觀衡量後才有如此的主觀論點。

二、政治是哲學還是科學？

政治學是最古老學問之一，古代之學者，西方的柏拉圖（Plato）、亞里斯多德（Aristotle）、東方的孔子、孟子、老子、莊子等等均是以政治爲主題的大哲學家。他們對政治的研究是根據推理、根據邏輯作爲哲學的研究方式，因此他們所追求的是最完美的答案，一切均是理想化，

一切是應該如何（ought to be）。柏拉圖的理想國、亞里斯多德最切實際的政府，他們談什麼是正義，什麼是好的子民，孔子講王道、講五倫，孟子的仁政等等。哲學所追尋的是合理化（Justification），例如：爲何哲君（Philosoph-king）應該掌權主政？爲何各人應按其智能分配到各社會不同位置上才合乎正義原則呢？爲何王道優於霸道？所以東西方的學者過去均以哲學來看政治，政治是哲學。

　　一直到十九世紀中葉，學者才以科學方法探討政治現象，而使政治學擠進了社會科學大門。科學追求的是解釋（Explanation）現象。何謂科學？究竟政治學是否是科學？又政治學是否可用科學方法來作研究？這也成爲政治學的話題。

　　科學（Science）來自於法文，最初的意義是知識（Knowledge），如果這樣，政治學當然是科學，無疑的政治學就是一門學問，也是一門很深的學問，由古至今已集成豐厚的知識。又有人謂科學是一種特殊求知識的研究方法（Scientific method），它包括事實的收集、根據試驗、根據觀察，也包括精確的衡量、數學的計算等等。問題是，政治現象是否可用科學的方法去做研究，對這問題學者是見仁見智。作者的看法是：有些問題該用過去流傳之方法，哲學、歷史、考證等方式，但也有些政治現象確實可用一些科學方法去研究，比如一些心理、行爲的分析等等❽。所以說政治學既是哲學也是科學，這是比較合理安全的看法。

第五節　權威（Authority）和權力（Power）之區別

　　政治是政府對資源作權威的分配，政府一定有合法之權威才能分

---

❽關於科學的意義，以及政治學和科學的關係，請參閱 Weisberg, Herbert., ed., *Political Science: The Science of Politics*, New York: Agathon Press, 1986.

配，民衆才能心服口服的接受，所以政治的主要内涵即是權威。然而權威和權力往往互用，爲了讓大家了解兩字確實有不同之處，舉下列數例來説明：

一、甲拿了槍去搶銀行，甲用槍對著行員乙，要乙拿錢給他，否則會開槍，乙祇好將錢交給甲，試看槍是權力的來源，甲用權力（槍）使乙做或不做某件事，甲乙之間的關係是權力關係。

二、甲搶了錢立即逃出銀行，剛好一女警路過，女警立即表明身分，並且要甲立刻投降，女警並未拿槍，那甲和女警之關係是什麼呢？我們用 Authority 權威來説明女警的力量，因爲女警的力量來自法律，她們是執法者。

三、籃球教練因爲帶的球隊打輸了球，罰每個球員跑三十圈球場，球員都聽教練的話而跑了三十圈，那麼球員和教練之間的關係是權威呢？還是權力？回答是教練具訓練或處罰球員之權威，社會上均接受教練有此權威。

四、如果一大個子的球員對小個子的球員説，你今天打球没盡全力，去跑十圈，否則我就要揍你一頓，試問大個子和小個子球員之間是什麼關係呢？是權力而非權威。

由上面例子來分析，權威（Authority）很明顯不同於權力（Power），權威的權力來源是合法或合理，合乎倫理的行使權力，而被大衆所接受，女警之權力來自法律，教練的權威來自倫理，父母管教子女而處罰是合乎情，所以情、理、法是權威的來源（塊頭大不是可以被大家接受用力量的好理由）。

由上面的分析，希望大家能了解權威是被大家接受的權力行使，知道了兩者之區別，我們可以引申到政府與人民之間的關係。政府爲什麼可以管衆人之事，是因爲政府的組織、功能、權力均來自憲法，是合法的，因此政府的法律、行政命令、法院之裁判均有拘束力，人民均會接

受。難怪依斯頓爲政治下定義時特別指出「政治系統（即政府）作權威性的資源分配」。（Authoritative allocation of value for a society）。假如政府在行使權威有濫用或誤用時，則權威變爲權力，公信力不張，政權將會受到挑戰（改革訴求或導致革命）。

重要問題

一、政治定義雖多，爲何至今尚無大家可以接受之定義，其原因何在？

二、按政治之要素，天堂裡有政治嗎？

三、依斯頓（David Easton）對政治學的貢獻爲何？他的政治系統理論中有四大要件、三大特性，討論之。

四、爲何政治——人類現象被某些人認爲是藝術，被另外的人認爲是髒事，解釋之。

五、政治學是科學還是哲學？討論之。

參考書目

Almond, Gabbiel A., *A Discipline Divided: Schools and Sects in Political Science*, Newberry Park, CA: Sage, 1989.

Barber, Benjamin, *The Conquest of Politics: Liberal Philosophy in Democratic Times*, Princeton, NJ: Princeton University Press, 1988.

Charlesworth, James, ed., *A Design for Political Science: Scope, Objectives and Methods*, Philadelphia, 1966.

Crick, Bernard, *The American Science of Politics: Its Origins and Conditions*, Berkeley, 1959.

Dahl, Robert A., *Modern Political Analysis*, 4th ed., Englewood Cliffs, NJ: Prentice-Hall, 1984.

Easton, David, *The Political : An Inqury Into the State of Political Science,* New York, 1953.

Hans Kelsen, "Science and Politics," *American Political Science Review*, XLV (1951) 642.

Johnson, Nevil, *The Limits of Political Science*, New York: Oxford University Press, 1989.

Lasswell, Harold, *Politics: Who gets What, When, How*, New York: McGraw-Hall, 1936.

——, *The Future of Politics*, New York, 1963.

Ricci, David, *The Tragedy of Political Science: Politics, Scholarship, and Democracy*, New Haven, CT: Yale University Press, 1984.

Van Dyke, Vernon, *Political Science: A Philosphical Analysis*, Standford, 1960.

Weisberg, Herbert F., ed., *Political Science: The Science of Politics* New York, 1986.

第二章　國家、民族與政府
（State、Nation、Government）

學習目標

國家之要素：人民、領土、政府、主權
民族之特性：文化
政府的功能：利益的表達、利益的整合、利益的執行
政府的分類：
　　㈠傳統分類
　　㈡現代政府分類

前　言

　　政治發生在任何人類羣體中，家庭、學校、公司、國家均是政治的
場所和舞臺，照理說所有人類羣體均可作爲研究政治的對象，與個人幸
福最有關係的則非國家莫屬，因此選國家爲研究對象是頗爲合理的事。

　　國家是法律的主體，在國際法上是享權利盡義務的實體，其必備的
要件是：人民、領土、政府、主權。

　　民族是文化的產物，是同族人享有共同的血統、語言、宗教、生活
習慣，例如猶太人、漢人均是民族的例子，如果同一民族建立一國家時，
則被稱爲民族國家（Nation-state）。

　　國家雖是國際法的主體，是一個抽象的觀念，國家一定要有一政治
系統——政府來管理衆人之事，或決定資源之分配——決定誰該得什麼、
何時、何法。政府有很多功能，政府的分類有傳統和現代二種。在下面
將有詳細的說明。

第一節　概說：政治之場所

　　按政治的要素：政治是人類現象；政治是羣體現象；政治包括衝突
與協調；政治是決策機構的作業過程（政治系統或政府）。由要素我們
可以認爲，政治會發生在任何人類羣體中，小至家庭、學校、公司，大
至國家。既然任何羣體均對個人幸福有密切的關係，所以均有研究的必
要，對社會上每一個人幸福有關的是國家，那是絕無疑義的，國家是每
個人的舞臺，因此首先要討論國家的概念。

　　在西方——尤其在美國，由於文字的關係，當提到國家一詞時，因
有不同的字彙，而容易引起混淆，Country, Nation, State 均是國家的

意思，事實上具有不同之涵義，這問題在我國就不是問題。Country，
是常人用來形容某一國家所用的，例如你告訴別人最近你遊玩了幾個國
家，這時可用 Country。有時 Country 亦可用來表明一塊大的土地。
這 Nation 一詞也是表示國家的意思，都有它特殊的涵義，它是文化的
用語，是用來形容一羣同血統、同語言、同宗教信仰、同生活方式的人。
美國印第安人（原住民）有不同的族，均稱爲 Nation❶，按推理，猶
太人是 Nation，吉普賽人也是 Nation。同樣的我國各民族，漢、滿、蒙、
回、藏等，均應用 Nation 一詞，亦即種族的意思。但是到十七世紀，
這代表文化涵義的字改變了其原義，和政治聯上了關係，新的用詞爲
Nation-state，亦即民族國家，其意義爲當同一民族的人組織成──特
定的政治羣體──國家❷。

　　英文中另一字 State 亦是形容國家的。在美國又引起了困擾，因爲
State 用在州上，美國有五十州，這和國際法上用 State 一字有了衝突，
因爲按國際法 State（國家）是法律上的主體──是獨立自主的主權國家，
如果按正常用法，聯合國應用 United States 一詞，有一百七十餘國家
加入和組成，當然是 United States，可是美國已用了 United States 爲
其國名，聯合國就祇好用 United Nations。

第二節　國家之要素

　　按國際法的規定，國家是國際法的主體，是可以享權利盡義務的法
人，其要件爲人口、領土、政府與主權❸。現分述如下：

---

❶參閱 Michael G. Roskin, ed., *Political Science: An Introduction.* Englewood
　Cliffs, NJ: Prentice-Hall, 1991, pp. 27–31.
❷猶太人爲民族，當猶太人建立以色列國家時，則爲民族國家。
❸有關現代國家興起的歷史，參閱 Hans Kohn, *Nationalism: Its Meaning and His-
　tory*, New York: Crowell-Coller and Macmillian, 1955.。有關新興國家的理

一、人民（Population）

人民是國家的基本要件之一，我們很難想像一個沒有國民的國家，國家基本上因人民而生存，「人民」是指所有國民，至於做一國家國民之資格是按各國國內法的規定。

按一般的規定，有三種方法可以取得國民的資格（國籍）：

㈠出生（Birth）：因自然的生產而取得一國之國籍。

根據出生取得國籍又可分爲：

1.屬地主義（Jus Soli）

屬地主義亦即出生地原則，按此原則出生兒會自動取得出生地國之國籍，父母之國籍不影響到出生兒的國籍，英國、美國和其他英美法系國家採此原則。例如一對德國夫婦到美國旅遊時，其妻在美國國境內生一小孩，該小孩按美國國籍法，屬地主義原則，雖然其父母爲德國人，亦可自動取得出生地之國籍。

2.屬人主義（Jus Sanguinis）

屬人主義亦即血統法則（Law of blood），採此主義的國家不管小孩出生在何地均獲得其生父母之國籍，大陸法系的國家，德國、義大利、法國、日本以及我國採此原則。由上例那對德國夫婦在美國出生的小孩，按德國法取得德國國籍，如此情形下，該小孩具有雙重國籍（Due nationalities）。

㈡婚姻（Marriage）：異國婚姻會因國籍法的不同而產生國籍問題，有一些國家規定與外國人結婚會喪失其本國之國籍，也有些國家女方因婚姻會取得男方的國籍等等不同之規定。

論見 Rupert Emerson, *From Empire to Nation: The Rise to Self-assertion of Asian and African Peoples*,, Cambridge. MA: Harvard University Press, 1965.

㈢歸化（Immigration）：亦即移民時向地主國申請取得該國之國籍，歸化是法律行爲，當外國人符合地主國所立的優先條件而提出申請時，經審議合格者可取得該國國籍。歸化又可分爲個人歸化和集體歸化兩種。

在此有三點要提醒的：1.國籍法雖然涉及到外國人是國際間的問題，但國籍法是各國之國內法，2.國民與公民是有區分的，國民是按上述規定而取得國籍者，3.公民則是某些國民達到或符合法律上的規定，而取得公民資格，可享有公民權者，例如投票權等等。國籍是證明國民與其國家的關係，這關係是法律關係，亦即是權利義務關係，一般來說，國民應對國家效忠和支持，國家對國民亦有保護的責任。

二、領土──領域（Territory）

領域對一般人來說，是指地圖上特定顏色標示出一國家的疆域，直覺上和土地是互用的，又稱版圖，事實上領域應包括領土（Territorial land）、領海（Territorial water or sea）和領空（Territorial air），領域正確觀念應是一國家管轄權的範圍，表示管轄權之開始和終止的界限（Boundary），原則上一國祇能在領域內行使管轄權，這就是領土主權之觀念（Territorial sovereignty）。現分述如下：

㈠領土（Territorial land），按國際公法之規定，領土的獲得方式包括發現、繼承、買賣、交換、割讓、侵占等，一國家按上述方式而享有土地上的管轄權，正因爲領土是國家重要之要素之一，是屬於最嚴重國家利益之一，因此當某國家領土受到侵占時，往往會導致戰爭，歷史上有太多的戰爭是因領土而起。

㈡領海（Territorial water），海洋國異於內陸國，前者擁有海岸，依其海岸線的結構可以有權向外海延伸形成領海，領海屬於接鄰海岸的國家，這觀念和實用爲各國所接受，祇是延伸的大小仍然是當今在國際上爭論不休的問題。傳統慣例是海洋國可以延伸向外海三哩（過去大砲

之射程爲三哩),當時的論點是,既然海洋國有力量達到三哩的海域範圍,乃給予其管轄主權,但今天科技的發達,三哩的理論根據已不切實際。今天是不同海洋國可以自由的宣布其領海大小,有的爲六哩、十二哩,甚至有些國家延伸到二百哩,稱爲經濟海域 (Economic Zone)。有一令人尋味的問題是,愈落後的國家希望占據領海愈大,而先進的國家則希望各國接受小的海域,並非先進國家大放大度。其真正原因是如果每個海洋國占有小的海域,則有更大的公海,公海唯有先進國家有能力去利用,落後國家無力量用公海,所以就希望占有愈大的領海保護自己權益。由於無公認的領海標準,常常國與國之間引發了海域之爭的糾紛。

㈢領空 (Territorial air),在領土、領海之上空是領空,領空也是屬於領域之一,一國家享有管轄權。多年前,南韓一架民航客機誤闖蘇聯領空而被蘇聯發射的火箭擊落造成巨大空難,事後受到國際一致的譴責,但當蘇聯空軍司令在接受西方記者訪問時,問他同類事件會否再發生,他的回答是,領空是不可侵犯的,假如蘇聯領空受到侵犯,他會下同樣之命令,由此例說明領空之重要。

由上面的討論,我們應有明確的認識,一國家其管轄權包括:領土、領海、領空,而上述三項合稱爲領域。有鑑於各國陸上資源的耗減事實,今後海床下的資源將成爲各國爭鬥的主題是可預期。

三、政府 (Government)

過去用政府一詞,現在可以用「政治系統」,基本上來説,政府是國家的代理人,國家是抽象的名詞,政府是一國家的決策執行體,按國際公法之規定,國家一定要有一有效的政府來享權利,來盡國際法上的義務❹。在下文中作者對政府之功能與種類會有介紹。

---

❹參閱 Louis Henkin, *International Law*, West Publishing Company, St. Paul,

四、主權（Sovereignty）

主權常和獨立自主互用。主權有對內和對外兩種意義，對內而言，主權是政府之決策體，可獨立自主的行使其管轄權。管轄權又可細分為立法權、司法權、行政權等，用通俗的話來說就是一國可制定自己需要的法律，一國可執行自己的行政，和自己決定的司法程序，一國是自己的主宰，這對內的意義也反映到對外的意義，那就是一國不受外來的干預，也即是獨立自主的意思。聯合國憲章就有明文規定，不受外國對本國內政的干涉❺。

有一點要提醒的是，就法律上來講，主權是不可分割的，但政治上來講，在互需互惠互賴的情形下，絕對主權理想上是可以存在，而在現實上是行不通的。

由上面的討論，我們應該對國家、政府、民族有清楚的認識。另一和國家有關的觀念也應在此提一提，那就是單一國（Unitary）和聯邦（Federal State）之區別，這是按國家的權力是如何分配而為準則的。假如國家的權力（立法、司法、行政）是集中在中央一級時，這種國家為單一國，英國為最佳例子，英國國會所立的法律適用在全英國，如果地方政府之命令和中央頒布的法律有牴觸時，前者將被視為無效。聯邦國則相反，政府之權責是按分權原則（Division of power）分到不同層次的政府，例如美國就是聯邦制。根據美國憲法，有的權責給予聯邦政府（外交、發行貨幣、國防等），有的權責則保留給各州（教育、警察），有的權卻是共同享有。美國憲法規定後，其效力是任何政府（聯邦，或州）違反這分權原則時，則該法律為無效❻。

MN, 1987. 又參閱 Brierly, J. L., *The Law of Nations*, Oxford, 1963.

❺聯合國憲章第二條第七款。

❻參閱下述書籍有關分權之理論與實用部分，Keenan, Joseph, *The Constitution*

一般來説，單一國最適用在土地小、人種單純的國家，聯邦國家則適用在領土大、環境複雜、種族繁多的國家。

第三節　國家的起源

國家是如何構成的？在推測以及歷史考證下有下面的學説：

一、神意（God's Will）

在西方的宗教中上帝創造一切，所以也創造了國家，基本上創國家的用意不是正面而是反面的，上帝本無意要人來管理人，但人是墮落的（Falling beings），違反了上帝之意旨，因此創出國家來懲罰人類（by product of sin, to punish sinners）❼，在中古時代歐洲之宗教教士和哲學家，舉如聖尼卡（Seneca）、奧古斯丁（Augustine）均採此説。我國古代之君主帝王均自稱爲天子，他們是替天行道的、是正面的，不管是西方或中國古代的實例，採神意説的理論將國家放在高位，它代表神之意旨，而人則成爲工具（Means），而不是國家的主人。

二、社會契約説（Social Contract Theory）

採此説的則認爲國家不是上天所造，而是由人自己所造的，人們透過契約（Contract）而組成了國家。西方哲學家霍布斯（Hobbes）和

of the United States: Origins, Documents, and Interpretations, 2nd ed., Chicago: Dorsey Press, 1988.

Paul A. Freund, ed., Constitutional Law: Cases and Other Problems, Boston, 1961.

Robert C. Mc Closkey, ed., Essays in Constitutional Law. New York, 1967.

❼西方中古世紀的宗教學者均採此種學説，而認爲國家並非樂園，而如醫院是治人心病的場所。

洛克（Locke）均是採此學說的大師，雖然他們兩人的立論（人性說），加入契約的目的、契約的內容，和政府之形式均完全不同，同的是國家是帶類因需要而利用契約所組成❽。這理論最大的特色是「人」爲創造國家者，因此國家則成爲手段是來服務人羣的。

三、國家是自然形成的（Natural Institution）

採這學說最早的西方哲學家是亞里斯多德，他認爲國家是自然形成的，既非神意，也非人意。其立論是人無法獨居，爲了滿足人的基本欲望，人一定要羣居，先由家，再擴充到家族，由家族擴大爲小部落，再聚成大部落而成爲社會，有了社會而產生政治現象（解決糾紛的過程），而演變爲國家，很多近代的社會學家也常用此說來說明社會之來源。

四、武力說（Force Theory）

採此學說的學者認爲國家是人類利用武力達到生存目的的結果。在國家未形成之前一定有不同之部落，部落與部落之間爲了利害衝突而用武力來解決，結果在自然原則下，弱者被吞滅，而强者更爲壯大而成國家，如以過去蒙古各部落相爭而組成大元帝國，武力說還是比較可信。

第四節　政府的功能

政府之起源有很多不同的學理❾，例如亞里斯多德之自然演進說、宗教的神論說，以及霍布斯（Hobbes）、洛克（Locke）的契約說，這

---

❽要進一步研究契約論應閱讀 Hobbes 的 *Leviathan* 和 Locke 的 *Two Treatises of Civil Government.*
❾關於國家起源的論點和書籍以西方國家爲多，任何有關西洋哲學史的書籍均對此問題有研討。

些是哲學問題，雖然有研究的價值，但不是本書介紹之重點，這一節我們要討論政府之主要功能。

政府功能：政府最重要的功能是透過公共政策來滿足人民幸福的事（亦即衆人之事），國家的自主獨立、政府之穩定、人民經濟物質上生活的需要、社會福利的提供、文化之提昇、維護法律上公正公平正義原則等等均直接影響到人民的生活，均是政府之功能，是政府要做的事。

按現代政治理論，政府的工作可分爲❿：

1. 利益的表達（Interest articulation）。

2. 利益的整合（Interest aggregation）。

3. 利益的執行（Interest execution）。

現略解釋如下：

1. 利益的表達

傳統的政府，上位的決策者自己決定什麼是人民所需，在下的人民既沒有也不能透過一定管道來傳達他們的訴求，執政者決定什麼該管？如何管？但現代的政府，他們最重要的功能之一就是制定有效的管道，察覺到人民真正的需求。現代的人，不管是在何種政治系統下，均會向其政府表達他們的訴求（祇是程度上差異而已），事實上利益的表達對政府對人民均有好處，政府爲人民謀幸福而存在，人民自己最清楚自己之需求是什麼，過去那種由上而下的決策過程已漸漸失去作用，不爲大衆所支持和接受。去做人民訴求的政府，一定會受到人民支持的。

2. 利益的整合

在一元化的傳統社會，利益的決定（亦即政府該管什麼事）是由主政掌權的上位者主決，他們說什麼，就做什麼。在多元化的現代社會，

❿參閱 Austin Ranney, *Governing: An Introduction to Political Science*, Prentice-Hall, 1982.

各人、各團體的欲望不一，追求的利益也分歧，在不同訴求下（往往是互相排斥的），利益衝突就會發生。例如臺灣砂石車駕駛為了增加收入而超載，結果加速後造成重大車禍，在一九九三年撞死四百多人，鄉民、路人為了生命的安全而羣集抗議。在不同利益訴求下，政府的重要工作是如何找出最適當解決之道，政府有責任察覺、發現各種訴求，然後設法擺平爭端，如果政府不能或無力將不同利益整合，則政府之公信心就會減低。

3.利益的執行

政府不但需要發覺出人民之需求，也要在不同訴求中謀求解決之途徑，然後透過決策過程，制定出政策，去付諸執行，在將政策付諸執行時亦即是對利益加以分配，所以有人將政府在利益分配執行時稱為分大餅。應該注意的是行政機構有責任切實的執行法律。

第五節　政府的分類

一、傳統式分類

西方最古老也最簡單易懂的政府分類，要算是希臘哲學大師亞里斯多德的分類了。亞里斯多德雖然常常被人比喻是西方哲學家的亞聖（他的老師柏拉圖是至聖），其實他治學的方法則屬於科學的比較方式，他收集了當時數十個城邦國家的資料，以比較歸納法找出結論，因此他也算是西方第一政治科學家。

現將他的分類用下圖來說明：

Who governs（誰在主政）	Rule in the interest of all（爲衆人謀福利）	Rule in the interest of the rulers（爲統治者私利）
One Person（一人）	Monarchy（君主政體）	Tyranny（暴君）
Few Person（數人）	Aristocracy（貴族政體）	Oligarchy（寡頭政體）
The Majority（多數人）	Polity（民主憲政）	Mob（暴民）

亞里斯多德以㈠主政者之人數，㈡爲誰的利益主政，作爲政府之分類標準，按他的分析和比較，一共六種基本類型：

1.君主政體（Monarchy），主政者爲一人，但主政者以全民福祉爲主政的目標。

2.貴族政體（Aristocracy），主政者爲數人（貴族），但少數的主政者以全民利益爲主政的目標。

3.民主憲政（Polity），執政大權操在多數人之手，可是也不忽略少數人之權益，全民福祉仍然是執政的目標。

以上三類型，雖執政者人數不一，但全是爲全民利益而爲政，所以亞里斯多德喻爲好的政府，清明的政治。

4.暴君（Tyranny），乃是大權集中在一人之手，執政者祇顧自己私利，全不顧人民的利益。

5.寡頭政體（Oligarchy），主政者爲少數人，他們全不顧大衆人民之利益，祇顧自己的利益。

6.暴民政治（Mob），執政權在大多數人之手，完全不顧少數反對人意見而成爲多數的暴政（Tyranny of majority）。

4～6.類的政府，因不顧人民大衆的利益，所以亞里斯多德認他們爲壞的政府，亦即腐敗的政府。亞氏更進一步的分析，君主政體大權完全在一人之手，很容易變爲暴君，貴族政體雖有數人主政，權力卻集中在極少數特權階級，就也很容易變爲寡頭政體，唯獨民主憲政（Polity），

權力雖在多數人之手，其權力卻受到憲法上的限制，所以是法治而不是人治的政府，是以較爲穩定。亞氏更提出如果在民主憲政體制的社會裡，階級的分配是如下的情形，政體則更穩定。

中產階級人數（Middle class）＞富有階級人數＋貧窮階級人數（Rich＋Poor）

其論點爲中產階級可以了解貧窮階級之不滿與訴求，同時中產階級也可以理解富人的立場，如果政府權在中產階級多數人之手，其政策較可讓其他兩階級人士所接受，因此政局一定穩定。其他四種均是兩極的社會階級架構，統制者和被統制者，無中產階級，因此在不平則鳴的原則下，君主、貴族、暴君和寡頭政體均有面臨革命和暴動的可能。（現代政治穩定的國家似乎均合乎亞氏中產階級主政之理論。）

二、現代政府分類

亞里斯多德以比較研究法，深入淺出的將政府分類成六型，其分類法流行了二千年，對政治學研究頗有貢獻，由於社會變化實在太快了，其分類法太過簡單，漸漸的已失去過去的魅力。現代一些學者[11]提出一新的方式來爲政府分類，他們提出一新名詞，次系統之自主性（The Autonomy of Subsystem），他們將政府視爲主系統，除了政府以外的團體，例如宗教教堂組織、工會、政黨、教育機構（大學、專科）、大衆傳播各種團體視爲次系統。這些學者一方面看在一國家中有多少這種次系統，另一方面看這些次系統之自主程度——獨立決策的程度，和獨立決策相對的是受政府干涉的程度。根據次系統的多寡和自主性，可將

---

[11]Robert A. Dahl, *Modern Political Analysis*, 4th ed, Englewood Cliffs, NJ: Prentice-Hall, 1984. 同時可閱讀 Gabriel A. Almond and G. Bingham Powell, Jr, *Comparative Policies: System, Process, and Policy*, 2nd ed., Boston: Little Brown, 1978.

政府分類為民主（Democracy）和極權政府（Totalitarian government）。前者不但政府讓次系統存在，也保障了他們的自主性，因此次系統數目相當大，後者則政府盡量不容許次系統存在，即使有少數次系統存在，也絕不給他們自主決策權。前者最好的例子是西方先進的民主國家，次系統是五花八門多如牛毛，而且個個享有自主權，後者的例子是過去的納粹主義下的德國，和近代的一些共產國家。

此種分類的方式，簡單明瞭，又按次系統之多寡（量）以及其自主性（質）作科學方式的研究，對政府之性質、功能可分得更細更精些，由於時代的變遷，傳統式分類的政府已漸漸不存在，這種現代式分類勢將取代傳統分類方式。

結　論

本章討論政治之舞臺和場所，很明顯政府（政治主系統）對個人幸福最為重要，政府在決策時可按其對資源運用分為(1)需用資源的政策：這些政策需要用到經費，例如全民保險的執行需要經費，老年年金的發放需要經費，強化國防也需要經費，興建地鐵、高速公路，甚至延長國民教育年限等等。(2)不需要資源的政策（這些以達到理念的政策），例如強化國家認同、強化公信力、強化愛國情緒的政策。我們要認清的是政府不但要對資源作合理的分配，也要對政體之穩定、合法性作努力和維護，因此政府在運作時不能祇顧資源分配而忽視理念的培養和維護。

重要問題

一、國家與民族之區別何在？何謂民族國家？

二、論國家的四要素？

三、何謂屬人主義？何謂屬地主義？

四、論政府之功能？

五、論亞里斯多德對政府之分類，又爲何 Polity 民主憲政是最穩定的
政府？

六、政府之功能何在？

七、討論現代政府分類之理論。

參考書目

Armntrong, John A., *Nation Before Nationalism*, Chapel Hill: University of North Carolina Press, 1982.

Brenilly, John, *Nationalism and the State*, New York: St. Martins Press, 1982.

Chilton, Stephen, *Defining Political Development*, Boulder, CO: Lynne Rienner, 1988.

Chodak, Szymon, *The New State: Etatization of Western Societies*, Boulder, CO: Lynne Rienner, 1988.

Deutsch, Karl W., *Nationalism and Its Alternative*, New York: Alfred A. Knopf, 1969.

Deutsch, Karl W. and William J. Foltz, eds., *Nation Building*, New York: Altherton Press, 1966.

Emerson, Rupert, *From Empire to Nation*, Cambridge: Harvard University Press, 1960.

Kohn, Hans, *Nationalism: Its Meaning and History*, New York, 1955.

Maciver, Robert M., *The Modern state*, New York: Oxford University Press, 1964.

Pancle, Thomas L., *The Spirit of Modern Republicism*, Chicago: University of Chicago Press, 1988.

Vincent, Andrew, *Theories of the State*, New York: Basil Blackwell, 1987.

第三章　憲法與個人
（Constitution）

學習目標

憲法的涵義與目的
憲法之類別及優缺點
美國憲法之精神與原則
英國憲法之精神與原則
五權憲法之精神
憲法與人權保障

前 言

憲法給予政府和限制政府之權力（Grants and limits the power of government），這句話説明了憲法的目的和意義。在傳統君權和神權理論下的政府，政府（其實是統治者）權力來自上天，來自神明，原則上它是不受人爲的任何限制，在憲法下的政府，其權力來自憲法，同時政府之結構與權力範圍大小，均按憲法規定，因此憲法下的政府亦被稱爲權力有限的政府（Limited government）。

憲法按來源、形態可分爲不同之類型，作者認爲，類別並非最重要，重要的是一國之政府是否願意，或有能力將憲法所規定，切實的付諸實行，如果政府不顧憲法，即使制得再好的憲法也是空的，亦屬虛設❶。

美國有一部存在世上最久的成文憲法，在司法獨立原則下，司法機構（法院）有司法審查權（Judicial Review），因此政府其他機關兢兢業業，不敢違背憲法，美國憲法之原則與精神，在第三節中會介紹。

美國憲法本著三權分立的精神，我國則是本著五權憲法，作者也會對五權憲法有基本的介紹與評論。

第一節　概説：憲法之意義

憲法是近代的產物，過去君權、神權時代，君王統治下的政治，其權力來自於上天，來自於神明，所以統治者祇要對天對神負責，所謂替天行道。既然他們是上天選出的人選在世上治人，那麼在人間他們不受

---

❶憲法之有無以及一政府是否按憲法施政而有所謂人治與法治之區分。前者決策者不受任何壓束和限制，後者則接受憲法至上原則，決策者得按憲法來施政，否則違憲。

其他人為的限制。亞里斯多德深知權力的性質，因此他警告世人，當一
人或少數人享有政府大權時，很容易造成權力的濫用，君主變為暴君，
貴族政體變為寡頭政體，結果人民受害最深。他建議民主憲政（Polity）
是最好的政府❷。什麼是民主憲政呢？最簡單的回答是憲法政府
（Constitutional government）。世人忽略了亞氏的理論有二千載之久，
一直到近代，民主思潮才擡頭，憲法政府才成為風尚，時至今天，很少
國家沒有一部憲法。

　　什麼是憲法？

　　憲法是一國家的根本大法❸，它的目的是：決定該國之國體；建立
政府的結構（政府權力的分配）；確定人民享的權利和盡的義務；安排
修憲的程序。

　　一、國體是憲法的基本問題，國家是共和體（主權在民）？還是君
主政體（主權在君）？

　　二、建立政府的結構，主權應如何行使，是君主一人行使呢？還是
採三權分立（司法、立法、行政互相制衡）？

　　三、確定人民享的權利和盡的義務，這也就是為何憲法被視為人民
權利義務保障書的原因，憲法要規定究竟人民享有何種權利（政治性的
還是經濟性的）？

　　四、最後修憲程序一定要列在憲法中，因為世上沒有完美的憲法，
當環境、政治性質改變時，憲法需要調整，因此一定要按憲法規定來補
充或修改之。

　　由上述憲法的目的，我們可看出憲法有下述二特性：其一是憲法至
上原則（Supreme Law of Land），因為憲法是根本大法，因此任何規

----

❷參閱 George Sabine, *A History of Political Theory.*
❸根本大法乃是指其效力是至高無上的意思。

章、行政命令和它牴觸時均應無效；其二是政府在施政時（不管是中央或地方行政、司法），違反憲法時亦屬無效，各國憲法往往將此特性明確的列在憲法條文中❹，正因爲上述二特性，憲法是法制的基礎，而異於人治以決策者之意旨爲最高原則。

第二節　憲法之分類

憲法至上原則已爲大衆所公認，各國在表面上均崇尚和遵守，因爲政府之權力在維護憲法下可以合法化，否則一政府一而再的違憲，其形象將受損，其政權公信力將受到懷疑和挑戰。至於憲法之功能，各國也大致相同，它決定國家體制、政府之結構權限、人民權益，以及修憲之程序，實則憲法按來源形式和修改之難易而有不同之類別。

一、以憲法之本源形式分類

㈠成文憲法（Written）

㈡不成文憲法（Unwritten）

㈠成文憲法：就是上述列舉的憲法目的用白紙黑字寫下的一部文件，美國聯邦憲法就是世上最久現尚存的成文憲法，一共六條，二十六修正案。我國第一次國民大會制定的憲法亦是成文法。

㈡不成文憲法：就是上述憲法目的不是包含在一裝印成册的文件中，而散在其他文件裡，例如以英國不成文憲法爲例，它憲法的來源是國會法案、法院判例、傳統習慣等等。

成文憲法的優點是一切有關憲法的原則，均明確的列在憲法條文之中，有了爭議時，原則上祇要查查憲法條文即可，其缺點則是一經制定

❹參閱 Amos J. Peaslee, ed., *Constitutions of Nations*, 4th ed., 1974.

後，因爲修改非常難，往往無法跟上社會快速的變遷。相反的是，不成文憲法可隨時代而變遷，其缺點則是有了爭議時，要找出憲法之淵源（Sources），比較費時費事。

二、以修憲程序之難易來分類

(一)剛性憲法

(二)柔性憲法

(一)剛性憲法：修憲之程序非常嚴格和死板，例如美國修憲程序即是非常複雜艱難的，先要國會（參、衆兩院）三分之二通過，再需四分之三州議會通過，自從民權法案通過以來祇通過了十六件憲法修正案。

(二)柔性憲法：修憲之程序不像剛性那樣正式化，例如英國，祇要透過國會之立法，法院之判決即可達到修憲之目的。

作者認爲憲法種類雖繁多，式樣並不重要，因爲憲法和一國之歷史有密切關係，最重要的是一國之政府是否願意或有能力遵守這部憲法，如果制憲時找了憲法專家，寫得冠冕堂皇，內容豐富，文字也美，到了行憲時，卻又棄憲法而不顧（很多國家之政府均是如此），憲法則名存實亡，又有何用？再看英、美兩國，憲法式樣雖不一，兩國政府均願意，又有能力遵守憲法，因此英美兩國人民均享受到憲法給予他們的權益和保障。

第三節　美國憲法之精神與原則

討論了有關憲法之一般問題，讓我們看看美國憲法原則：

一、根據美國憲法的緒文，它是要建立一民治、民有、民享的國家，這樣的國體是屬於共和國（Republic），共和國之特性是一國之主權操在全國人民之手，這很明顯有異於君主（Monarchy），其主權在君主

一人之手，也異於貴族政體（Aristocracy），其主權操在貴族執政者之手，而共和國是該國之最高權力來自於民（the consent of the governed）。美國憲法第一原則即是建立一主權歸屬人民之共和國。

二、代議政府（Representative form of government）是美國憲法第二原則，根據上述共和國之涵義，一國之主權應由全民共享，主權之表現是管轄權，亦即政府所有之權力，包括立法、司法、行政等等，根據共和國之涵義，人民應享有立法、司法、行政之權，最理想的安排是由人民直接行使上述各權（直接民主制），但這種直接民主制祇能適用在小國寡民（如小城的市民會議），由於現實環境的不許可，美國制憲者決定採用間接民主制，亦即由人民選出代表來執行政府權力，這種在學理上稱爲代議政府。

三、三權分立（Separation of powers）是美國憲法第三原則，根據上面代議制原則，政府權力由人民自選的代表來行使，問題是究竟要多少代議機構呢？美國制憲者們採用法國名哲學家孟德斯鳩（Montesquieu）主張的三權分立理論而將政府權分到三獨立系統，行政權歸屬總統，立法權付予國會，司法權則給予聯邦最高法院，爲什麼要如此分呢？其智慧又在何處呢？孟氏的觀點是，如果立法和行政不分，不管是好法壞法祇要由立法機關制出來，行政一定會執行，這是太危險了，如果行政和司法不分，祇要行政機關要執行的，司法即去作裁決而成爲行政的工具和幫手，這也是太危險，最後倒楣、受害的則是人民。由上面之分析，孟氏所擔憂的是當政府權力過於集中，則權力會過大，權力過大、權力集中一定會造成權力的濫用和誤用，因此唯有將三權分開，互相制衡，以防止權力集中而獨大。孟氏的理論頗合當時美國之國情和環境，當時移民美國的人均是不滿英國暴政（政府濫用權的結果）的受害者，他們最怕的是歷史的重複，因此三權分立互相制衡可以防止暴政，而且當時美國地大物博，資源無限，移民的人最需要的不是有效率的政

府，需要的是個人自由的保障，三權分立之政府在互相制衡下淪爲效率較差的政府，效率差的政府，給予人民更多活動空間可以放手的去用自己的自由謀取個人的安全（物質）。

　　四、分權（Division of power）是美國憲法第四原則，在第二章討論國家時，曾提到單一國和聯邦國之區別，單一國採權力集中，聯邦國則採分權原則。美國採聯邦制的原因有二：第一，美國是先有州（State），再由州組成聯邦，因此要將州的既有權完全丟棄是不可能，因此無法採單一國制（Unitary），第二，是單一國較適合於疆域小、民族單純的國家，像英國、日本。美國土地太大，各州環境不一外，而且移民去的人種繁多，需求也不一，因此爲了因地制宜，邦聯最爲適合，所以採分權（當時制憲法此問題是重大爭論之一，Federalists 和 Anti-federalists 互相紙上論戰成爲美國憲法之文獻）。根據分權原則，凡各州共同問題，例如國防、外交、貨幣之發行，該權屬於聯邦政府，各州特殊環境和需求則保留給各州政府去管轄，例如教育、警察權等，如果憲法無明文規定的則由聯邦和各州共享之，例如刑法等。

　　五、司法審查權（Judicial Review），美國憲法中找不到 Judicial Review 這名詞，這是美國名司法家馬歇爾（John Marshall）的創作。美國憲法中雖採三權分立，互相制衡，但司法權和其他立法、行政兩權一比就顯得太弱，無法制衡，因而失去美國憲法精神，因此美國最高法院首席馬歇爾在一八〇四年的 Marbury V. Madison 一案，在判決書中建立了司法審查權，其意義爲司法有權審查行政、立法的決定是否「合憲性」，如果違憲，則無效。由於此判決而建立了司法審查權，因爲司法審查權，美國才免於一權專橫，三權分立才名副其實，受惠者是美國人民。司法審查權也確保司法獨立，司法獨立是民主憲政的先決條件之一。

　　六、法治是美國憲法另一重要原則（Rule of law），哲學家自古至

今一直在爭議—爭議不完的主題，那就是究竟人治（Rule of man）或法治（Rule of law）爲佳？美國制憲者明顯的做出他們的選擇——法治：憲法爲大。法治可以引申爲下面三觀念：

㈠法治表明法律高過一切，決策者要根據憲法來行使其職權。

㈡法律之前人人平等，這是民主的基本價值觀，在法律前應沒有特權階級，我國從前刑不上大夫的觀念就是違反了法治的精神。

㈢法律無明文規定者，不罰。這是一非常重要的觀念，那就是除非法律有明文規定什麼是不可爲的，否則人民享有自由的保障，換句話說，法律決定何種行爲是違法，如無明文規定時，則人民之行爲（自由）均是合法的。在極權國家中，其權力可達到任何人們行爲上，所以極權是不接受法治觀念的，因爲政府權力實在太大，極易導致濫用和誤用，如果不對它加以限制，則人民權益將無法獲得保障，法治就是限制政府權力的武器。

美國憲法立下了上述六大原則，此六原則正是美國政治遊戲的規則，政府與人民均得遵守。

第四節　英國憲法之精神與原則

英國雖屬不成文憲法國家，這不代表英國沒有憲法，祇是英國憲法不是集中在一文件中而已，英國憲法的來源（Sources）有三：傳統和習慣（Traditions and Customs）；巴力門之立法（Enactments of Parliament）；法院之判決（Judgements of Courts），在上述三憲法淵源中我們可找出下面四大憲法原則。

一、單一國（Unitary），英國是單一國，亦即國家的權力集中在中央政府手中，它不是採地方分權制，祇要是立法程序合法通過的法均可徹底的在英國全國各地執行，地方政府之規章和命令不得與法律牴觸，

否則無效。

　　二、巴力門權力至上（Parliamentary Supremacy），巴力門是英國立法機關，是內閣制下的原則，採這種政府制度的是行政與立法同進同退，祇要是根據立法程序立出的法即是至高的效力。

　　三、無死板的三權分立（No rigid Separation of Power），由外表看去，英國亦有三權，首相和其內閣、國會（上、下兩院），以及貴族院（House of Lords）好似三權分立，但如果仔細的去研究該三機構的權職歸屬關係，我們不難發現，其三權是相輔相助的，而不是互相制衡的。首相和其內閣來自國會（House of Commons），獲得多數黨的領袖即為首相有權組閣，首相任命的閣員（Member of Cabinet）均來自下院，除了任職在內閣外同時保留其下院議員之身分與職責，因此行政與立法不分，而貴族院（上院）為最高的司法機關，因此立法與司法不分，在這種三位一體原則下，英國對政治學提供出另一政治智慧——和諧，在政府和諧合作下，保障了人民之權益。

　　四、法治原則（Rule of Law），在介紹美國憲法原則時已對此原則作介紹，基本上法治觀念是一樣的，強調法律至上原則，強調法律平等，尤其採無法律明文規定的行為不罰原則。

第五節　五權憲法之精神

　　中華民國憲法是根據中山先生三民主義中五權憲法而來，中山先生建國最大的目的是救中國，使中國富強起來與各國立於平等地位，要富要強就要有一強有力的政府❺，中山先生曾說：「假如中國有一強大

---

❺中山先生常用機器馬力大小來形容政府的功能，見中山先生三民主義「民權主義第六講」。

而效率高的政府，來運用和發展富有的資源，中國一定比美國還要強還要富。」❻所以他的答案是建立一「五權政府」，除了立法、行政、司法外，再加上中國固有的制度，考試和監察二權。在他的演講中，他強調五權可改進美國三權的弊病，他認爲三權雖分立了，如考試權操在行政權之手，行政會濫用其權而不能選賢與能，又監察權如屬於其他機構，則監察無法獨立行使其權限，其他權將不受任何壓束，因此除了三權，再加以考試、監察，如此五院可以改進三權分立政府之缺點。

仔細的研究三權分立政府的美國，它的目的不是建立強有力的政府，是要建立效率差的政府，效率差，人民自由愈能保障。中山先生一再強調，中國的問題在太窮，中國人所爭取的不是自由（中山先生常說中國人有太多的自由），中國人所追求的是物質安全，亦即「富強」兩字。爲了「富強」，中山先生創出五權政府，但他沒有提出五權是互相合作（分工合作）或是互相制衡。如果是前者，三權分立已是夠協調的了，五權之下，更難達成協議而成爲有效的政府；如果是後者，如何達到強有力，如何達到有效率，這些問題國內外學者卻從未問起和回答❼。這是太值得我們研究的憲法基本問題之一。

第六節　憲法與人權

憲法是國家根本大法，也是一國人民之權利義務保證和說明書，憲法決定政府權力的始和終，政府權力的終止亦是人民自由權益的開始，憲法是中介線，一邊說明政府權限，一邊是人民自由權利，如此，人民

---

❻民權主義第五、六兩講。

❼關於中山先生政治學理的中文書籍相當多，西方學者的著作很少，由鄭竹園教授編的一書，*Sun Yat-Sen's Doctrine in the Modern World*, Westview Press, 1989 是相當有價值的書。

與政府均了解政治之性質，知道什麼是政府該管的，什麼是人民自己該負責的，如此社會大秩序才能維持。

　　一般來說，憲法保障的人權可分爲一、政治人權（Political rights）和二、經濟人權（Economic rights）兩大類（詳細內容會在第十六章介紹）。

　　一、政治人權內容非常廣，可包括：

　　㈠信仰和言論自由，例如宗教自由、意見自由、出版自由、通訊保密自由。

　　㈡行動上的自由，例如集會結社自由、請願自由、投票權利、遷住自由、職業選擇自由。

　　㈢刑法上的保障，程序上的保障，例如法律不溯及既往、禁止非法搜查和逮捕、禁止非法扣押、不得一罪二罰、禁止逼供和加予酷刑、保障快速公平審判、不受軍法審判（非軍人）、被告有權拒絕提供不利自己的供詞。

　　㈣對個人財產權的保障，政府在徵收民產時要給予合理補償，人民享有專利、出版權利。

　　二、經濟人權：這是指物質上政府給予人民的支持，例如保障工作權、最低工資、失業救濟、某種社會福利（老人年金）、國民義務教育的提供。

　　上面所提到的權利是一般性的介紹，至於國人究竟享有多少保障？1.看各國憲法是如何規定的，2.政府對憲法之尊重決心和能力，各國政府會按其環境國情作適度的調整。

重要問題

一、討論憲法之目的和其特性。

二、請詳細討論美國憲法之原則。

三、五權和三權分立之政府在理論上有何區別？

四、討論憲法和人權的關係。

參考書目

Bocdanor, Vernon, ed., *Constitutions in Democratic Politics*, Brookfield, VT: Gower, 1988.

Edelman, Martin, *Democratic Theories and the Constitution*, Albany: State University of New York Press, 1984.

Kammen, Michael, *A Machine that Would Go of Itself: The Constitution in American Culture*, New York: Knopf, 1986.

Keenan, Joseph, *The Constitution of the United States: Origins, Documents, and Interprelations*, 2nd ed., Chicago: Dorsey Press, 1988.

Kurland, Philip B., and Ralph Lerner, eds., *The Founders' Constitution*, Chicago: University of Chicago Press, 1987.

Levinson, Sanford, *Constitutional Faith*, Princeton, NJ: Princeton University Press, 1988.

Meyer, Michael J. Parent, William A., eds., *The Constitution of Rights: Human Dignity and American Values*, Ithaca: Cornell University Press, 1992.

Riemer, Neal, *The Revival of Democrat Theory*, New York, 1962.

Wesson, Robert G., *Modern Governments: The Three Worlds of Politics*, Englewood Cliff, NJ: Prentice-Hall, 1985.

Woll, Peter, *Constitutional Democracy: Policies and Politics*, 2nd ed., Boston: Little Brown, 1986.

第四章　政治意識型態
（Political Ideology）

學習目標

何謂意識型態？
當今重要的政治意識型態：
　　民主（Democracy）
　　極權（Totalitarianism）
　　威權（Authoritarian）

前　言

政治就是現實，現實一定有瑕疵，一定有弊病，有令人失望和不滿。意識型態本著社會是可以進步和改進的，政治意識型態本著有關政治之事是可以改進的假想上。意識型態乃是一連串有系統的思想體系，如照著這些思想體系去做，明天會比今天更好，意識型態是理想化的價值觀。

意識型態種類繁多：有傳統的自由派（Classic Liberalism），有傳統之保守主義（Classic Conservativism），有現代的自由主義（Modern Liberalism）和現代保守主義（Modern Conservativism），有國家主義（Nationalism），也有新流行（Feminaism）現代女性主義，和環保主義（Environmentalism）。因本書是政治學類書，所以作者選三種政治意識型態加以介紹：民主、極權和威權。

第一節　概說：何謂政治意識型態（Political Ideology）❶？

任何國家的憲法均反映一特定的政治理想，它就是我們所稱的意識型態，因爲政治是現實，政治管的是日常的生活，它不但不完美，而且有時很使人失望和不滿，在失望中會產生一比較理想化的觀點，希望這理想化的觀點能成爲一切行爲之準則，這種有系統的思想體系即是意識

---

❶參閱 Anthony Downs, *An Economic System of Democracy*, New York: Harper & Row, 1957. 和 Isaac Kramnick M. Watkins, *The Age of Ideology: Political Thought 1750 to the Present*, 2nd ed., Englewood Cliffs, NJ: Prentice-Hall, 1979.

型態。當今最具影響力的政治意識型態是：民主（Democracy）、極權（Totalitarianism）、威權（Authoritarianism）。

第二節　民主（Democracy）

"Democracy"一詞是由希臘"people"人民和"government"政府兩字合成的，意即由人民自主的政府，我們則用「民主」兩字來代表。其實中文「民主」兩字代表的意義實在太多，例如「人民爲主人」，或「以民爲主的政府」，不管如何用，「民主」兩字頗能達原意，它不是爲君主謀福利的政府，也不是爲貴族的政府。民主的涵義和用法相當複雜，它可描述一種特定的政府，也可說是一種決策之程序（民主過程），更廣的是它代表一種生活方式（倫理）。總而言之，它是一有系統的思想體系，它是一種意識型態。現在讓我們看看民主之內涵。

一、民主重個人主義（Individualism）

在君權和神權理論下，人民是子民，是奴才，是統治者的工具，這種政體下，個人尊嚴、個人權益是不會被重視、被保護的。相反的，爲了容易控制人民，統治者灌以一種集體主義（Collectivism）給人民，要大家爲團體犧牲，因此所有團體：國家、社會、學校、家庭均比個人來得重要，在這種思想體系下（儒家思想即是最佳例子），義務比權利重要，團體比個人重要。民主意識型態的基本觀念是個人尊嚴、個人權益是一切的基石，政府是爲人民而存在，政府之權力也是來自於民（the consent of the governed），因此民主強調個人主義。

什麼是個人主義？最簡單的說法是「自我」和「唯我」主義，也即是當個人利益與他人（他人是指任何人，包括親戚、朋友、政府）有了衝突，會將自己的利益放在最前最先，這種觀念和我國儒家觀念是相違

背的，會被視爲自私自利不顧團體利益的壞人或小人（正因爲如此，儒家學術在過去被視爲民主追求的阻礙）。我們應該了解的是如果你要做政治上的主人（政府爲手段），你不重視你個人權益，誰會顧到你呢！做主人就要有自尊，就要自重，就要爭取權益。因此民主首重個人權益並非壞事也。

二、民主重平等 (Equality)

與個人主義密切有關的民主觀念是人生而平等 (Human equality)，這又是和傳統君權、神權理論下個人地位不平等的觀念相違背，在那時重階級、重地位、重特權而否定平等。我國儒家社會將人分爲士農工商，階級不同，權利義務也有別。民主意識型態不但重視個人，重視個人的根據是人人生而平等，同時也不願接受後天帶來的不平等。平等的反面是特權，所以很自然的是當一社會由傳統社會變爲民主社會時，社會上一定出現反特權之運動。

平等實應包括下面幾項：

㈠政治上平等：在政治參與中，每人的政治權力是一樣的，一人一票最能表示政治平等的精神。

㈡法律上平等：法律之前人人平等，那種「刑不上大夫」的傳統觀念和做法，在民主觀念下是行不通的。

㈢機會上平等：在民主架構下的政治理念是人人應享機會平等，亦即所謂立足點的平等。

三、民主接受多數治理 (Majority rule)

「多數決」是民主過程的自然產物，試想，既然人人平等，你的決定、你的聲音和任何人在「量」上是一樣的，一人一票，因此在決策時，祇好數人頭，而不重「質」，看看那邊有多數支持。我們常用那句「少

數要服從多數」，否則民主就無法實行，但有一點要強調的，多數的決定並不代表多數是做了對的決定，祇是表示多數支持此意見而已。這和傳統君主、聖主的決定的性質是不一樣的。在替天行道的合法原則下，統治者所做的決定均是「對的」決定，因此沒有人可以提反對意見或向他抗議，所以我們可以說，聖主因為是聖主他的決定是對的，重質；民主是多數人支持的，不一定是對的，但對多數有利，所以它是重量。

　　現舉下例來說明民主決策過程。作者執教於美國印州法蘭克林學院，是一所和教會有密切關係的學校，校董們很保守，美國因為愛滋病的流行，同時性的開放，所以有人建議在學生宿舍中裝保險套販賣機，其用意頗合理，因為年輕人對性的需要，不可能要求他們不發生性關係，最好的決策是提供學生保險套，可以保護學生不感染性的傳染病，這個建議引起校董會之反彈，他們是保守的宗教信仰者，基本上他們反對婚前性行為，校長在他們壓力下，也祇好宣布學校的立場是反對在學生宿舍裝販賣機。如果這是最後決定，就說明 Franklin College 是關閉式不民主的決策體，因為決定是由上而下的。在查了學校規章，發現有關學生之事務應由全體教授投票決定（民主決策過程），教授們要選擇董事會認為是對的決策，還是對大眾學生好的政策（保護他們不感染愛滋病），結果教授團以多數決通過裝販賣機的決定。由上例我們可以了解，民主作業情形以及民主多數決之性質❷。

---

❷一般來說傳統決策是本著上位者所作的決定均是「對」的決定，父母作的決定均是對的，因為他們是父母，天下無不是的父母，老師為學生作的決定也是「對的」，因為他們是老師，同樣的，君王所作的決定也是對的，因為他們是上位的國君。但在民主理念下多元化社會，沒有任何人、任何事是「絕對對的」，所以祇要合乎多數人的意願就是好的決策，因此我們可以概括的說，對的事不一定討多數人喜歡，多數人贊成的政策並不一定是對的。

四、少數人意見應受尊重 （Right of dissent）

正因爲多數決不代表是對的決策，因此站在少數的一邊應有權表示他們的意見，希望透過意見的發表爭取更多人的支持而變爲多數，這是民主的正常作業，如果多數不讓少數發表意見，則成爲多數暴政（Tyranny of Majority）（亞里斯多德認爲憲法民主政府是最佳的政府，多數暴政是最壞的政府）。因此我們可將民主視爲政治遊戲規則，大家均在公平公開下爭取權益，看那一邊能獲得多數之支持，但也要保障少數有發表意見訴求的權利與機會。

五、民主是參與政治和責任政治

既然民主是人民自主的政府，政府一定要讓人民有管道參與決策過程，直接民主當然是最理想，但由於現實的限制，祇好選擇代議制政府，亦即選出代表來爲人民行使權力，制定法律權給予立法機構，執行權交給行政單位，適用法律則付予司法。其基本原則是政府是代表人民的，是人民的工具，因此人民應有權參與政策之過程，根據民主意識型態，參與層次愈高，該政府政治愈民主。

權力與責任是一體的兩面，有權要享，就有責要負，作者一而再的提醒讀者，君權神權，統治者權力來自於天，他們自稱是替天行道，祇對天、對神負責，不需向人民負責。在民主意識型態下，政府的權力來自於民（被選出的），因此民主政府亦是責任政府，政府應對人民負責。

在本節前段，作者曾提到，民主的用途很廣，它是一種意識型態，是一種政府，也是生活方式。不管它運用在何處，基本上它們具有同樣的內涵：它重視個人權益，重視平等，它接受多數決定，也保證少數人權利。

第三節 中山先生的民權主義——一種具有特色的民主

毫無疑問的是中山先生的民權主義是民主意識型態的一種，但它有其特性，雖然西方學者認為中山先生之民主概念有點奇怪（Peculiar）❸，因它有特色而且是配合中國國情的，因此有特別介紹的必要。

上述民主意識型態時，作者指出民主重個人權益，但在中山先生的民權觀念下，他不主張太強調個人自由權益，他認為中國人有太多的自由，是一盤散沙，不夠團結。中國之所以落後、貧窮，乃是因為人民不夠團結，對國家不能認同，缺乏犧牲的精神。作者相信中山先生是要建立一民主國家，他了解在建國之階段一定要作某種的犧牲，中國人當時所追求的不是自由（不像美國最早期的移民，他們逃避的是高壓政府，追求的是自由），中國人太窮，追求的是物質上的保障，因此他以建立一強有力的政府為民謀福利來號召。但很明顯，在今天臺灣豐衣足食相當富有情形下，要強調犧牲，或壓制個人自由權益，一定是行不通的。

民主也重平等，但中山先生反對不平等，也反對假平等（平頭式），他贊成真平等，亦即立足式平等，亦即機會平等。他了解在機會平等下一定造成人為的不平等（各人成就上的不平等），他的建議是人人要養成一種服務的人生觀，這服務人生觀帶有宗教救世的意味，是無法用政治力量達到的，作者提過，意識型態本來就是將一切理想化的。所以中山先生追求崇高的理想也是無可厚非的事。

至於民主的其他特性，多數決，以及少數人應受到尊重等等，中山

---

❸筆者在一篇「民權與人權」文中對中山先生之民權有詳細的分析，見 *Sun Yat-Sen's Doctrine in the Modern World*, pp. 175-200.

先生是完全採信和提倡的❹。

第四節　極權主義（Totalitarianism）

一般人對極權、專制、威權、獨裁均有不好的印象，但對它們中間的異同和特性就絲毫不知，這節先討論極權，下節再論威權。

極權主義的開山祖師是霍布斯（Hobbes），他的民約論（Social Contract Theory）和洛克的民約論是完全不同的，他認爲人性是自私、權力慾強，當這些近乎禽獸的動物生活在無政府狀態下，其情形和禽獸沒有什麼不同，成爲弱肉強食，是人吃人的社會，他稱之爲森林（jungle），在這種情形下，人人享有絕對的自由，但無安全，如同生活在地獄一樣。因此人與人簽了契約，在契約中，人們付出他們的自由，而獲得安全保障，誰來保障各人的安全呢？一極權的政府！政府的權力達到任何人的生活層次上。這種理論的理由是，人們没有太多的選擇，在森林與籠子之門，人們選擇籠子，極權主義就是建立一籠子的社會❺。

由霍布斯的理論我們可對極權定下如此的定義，就是政府的權是不受任何限制的，採信極權主義的國家，其政府是根據一思想系統來控制全國之政治、經濟、社會、文化，甚至其他一切生活方式。

霍布斯提供給極權者一合法理論，現代研究極權主義學者又進一步爲極權意識型態立下六項要素：一、擁有無所不包官方的意識型態，二、唯一合法的政黨，三、有組織且有計畫的利用恐怖來控制整個社會，四、政府獨占的大眾傳播，五、軍隊完全控制在執政者手中，六、計畫經濟制度。

---

❹參閱 *Sun Yat-Sen's Doctrine in the Modern World* 一書。
❺Thomas Hobbes 的 *Leviathan* 將極權哲理發揮到極限，每個大學生均應讀此書。

現分述如下：

一、擁有無所不包官方的意識型態

意識型態是一種有系統的思想體系，在民主國家中，不同的意識型態可以並存，所以我們稱民主國家是多元化的社會。在極權國家，祇有一官方的意識型態來控制整個社會中的一切，人們生活在這種意識型態的政體下祇能做合乎官方意識型態的事，如果違背了它就會受罰。這種社會屬於一元性社會，一切黑白分明，人們的行為，政府之決策，甚至文化中的藝術、音樂均要符合意識型態，我們常用「框子」來形容它，共產主義國家就是採信馬克斯共產主義為其官方的意識型態。

二、唯一合法之政黨

在極權主義下政黨控制一切，例如過去的法西斯、納粹，當代的共產主義，均祇容許一黨存在，那一黨即是信奉官方意識型態的黨。因為是一元化社會，因為是官方意識型態，為了控制和不斷的控制，反對黨是視為非法，是視為反官方意識型態的敵人，很自然的一黨制成為奉信極權意識型態國家的政黨制。

三、有組織有計畫的利用恐怖來控制整個社會

為了維持其意識型態之優越性，以及防止其他觀念、思想的滲透，極權政體一定要用恐怖手段來懼阻和控制其人民。控制的手段和工具往往是秘密警察，因此有學者用警察國家（Police state）來形容極權政體。這種政體下的特性是法律程序的不尊重，祇要決策者要辦的、要做的，其執行者就會去做，可以用無法無天來形容。在此政權下另一特色是「人權」根本不受重視，更不要談保障兩字。德國納粹政體下的蓋世太保（Gestapo）、前蘇聯斯達林時代的 NKVD 均是好例子。

四、政府霸占的大眾傳播

在民主國家中，新聞自由是絕對要保障的，否則整個民主概念無法順利推創。在極權政體下，最怕新聞自由，因爲新聞一自由，其官方意識型態將失去優越性，爲了阻止其他觀念之侵入，最有效的武器是控制全國大眾傳播，電視、電臺、報章雜誌、各種出版書籍均在控制之下。更進一步的，官方會利用霸占且獨占的大眾傳播來爲其意識型態下的決策做宣傳，如此在無競爭的情況下，人民所接觸到的、看到的、聽到的，均是官方宣傳的。

五、軍隊控制在執政者之手

極權政體一定採所謂「權力出自槍口」，誰控制軍隊，誰控制政權。在民主國家，「軍」、「政」是分開的，軍人不干涉政事，但在極權政體下，軍隊和執政者是一體的兩面。其理由也很易懂，要控制一社會，除了通訊的大眾傳播，就是有實力的軍隊，因此極權政府一定用軍人武器來控制大局。

六、計畫經濟

民主國家很自然的採自由經濟，亦即資本主義的經濟體制，讓市場的需求來決定經濟的取向。而極權政體卻不然，它不但控制政治、軍事、大眾傳播，也控制經濟。在計畫經濟下，一方面可以使政府變得強有力，因爲政府可以直接控制全國資源和生產，另一方面政府可以利用經濟的掌握達到繼續控制政治的目的。

第五節　威權獨裁（Authoritarianism）

在民主意識型態高漲的今天，威權獨裁和極權一樣為人所唾棄，然而很多人並不了解威權與極權的區別，這一節要討論威權獨裁之特性、由來以及是否有改革之可能。上節已討論過，極權有特定的要素，但這些要素往往不存在威權獨裁政體。威權不一定有官方的意識型態，威權也不一定有計畫經濟，威權獨裁最明顯的特性是對政治控制很嚴，對其他方面，例如經濟、藝術、文化、宗教、文學則很鬆，不像極權樣樣均在其控制中。威權獨裁之所以能夠威、能夠獨裁乃是靠控制政治的權力，因此也對政治權力特別敏感，最擔心的即是政權的維護。

為什麼很多新興的國家均有威權獨裁的經驗，例如韓國、新加坡、我國以及西班牙等均是好例子，其所以走威權一方面是由於缺乏民主文化無法走民主政治，又不願接受共產主義理論下的極權政體，在既不能右，又不願左之下，而接受了威權獨裁。

按前美國聯合國大使柯派翠克（Jeane J. Kirkpatrick）的研究，他認為這種選擇尚算幸運，因為選了極權就成為無藥可救的地步，因為極權是控制一切的意識型態，即使要改革（改掉部分），也無補於事，結果一定面臨革命或暴動。而威權獨裁則不同，因為基本上人民尚享有其他自由，祇要政治再開放些，民主改革還是行得通❻。

當然威權獨裁之所以可以透過民主政治改革而走向更民主的道路也有某些條件的，不單是威權者要改即可改的，其要件是：

一、經濟發展已進入某一階段，由於經濟的成長，人民生活一定會

---

❻Jeane J. Kirkpatrick, *Dictatorships and Double Standards: Rationalism and Reason in Politics*, New York: Simon & Schuster, 1982.

改善，生活水平會提高，經濟生活改善往往導致對政治訴求之強烈。

　　二、教育水平的提升，經濟發展一定會導致教育水準之提升，民衆會了解民主的內涵以及威權之弊端。

　　三、由於上述二項的影響，中產階級人數增加，中產階級人數增加對政治穩定有幫助，在兩極的社會（窮人太多，富人太少，無中產階級之情況下），最容易產生暴力改革，中產階級增加後促使政治安定，如此給予決策者對改革之信心而選擇開放、民主的策略。

　　我國民主化的發展就是一最佳的範例。

重要問題

一、何謂意識型態？

二、討論民主的內涵，又中山先生民權主義的特色是什麼？

三、霍布斯對極權意識型態之貢獻。

四、極權意識型態六大要素是什麼？討論之。

五、何謂威權獨裁？

參考書目

Baradat, Leon P., *Political Ideologies: Their Origin and Impact*, 3rd ed., Englewood Cliffs, NJ: Prentice-Hall, 1988.

Barber, Benjamin, *The Conquest of Politics: Liberal Philosophy in Democratic Times*, Princeton, NJ: Princeton University Press, 1988.

Bracher, Karl Dietrich, *The Age of Ideologies: A History of Political Thought in the Twentieth Century*, New York: St. Martin's Press, 1984.

Dahl, Robert A., *Preface to Economic Democracy*, Berkeley University of California Press, 1985.

Hagopian, Mark N., *Ideals and Ideologies of Modern Politics*, New York: Longman, 1985.

Hoover, Kenneth R., *Ideology and Political Life*, 2nd ed., New York: Brooks/ Cole, 1987.

Kohn, Hans, *Political Ideologies of the Twentieth Century*, 3rd ed.,

New York: Harper & Row, 1966.

Mclellan, David, *Ideology*, Minneapolis: University of Minnesota Press, 1986.

Riff, M. A., *Dictionary of Modern Ideologies*, New York: St. Martin's Press, 1988.

Sabine, George, *A History of Political Theory*, New York: Holt, 1937.

Talmon, A. J., *The Origins of Totalitarian Democracy*, London: Secker & Warburg, 1952.

Walzer, Michael, *Interprelation and Social Criticism*, Cambridge: Harvard University Press, 1987.

第五章　行政機關
（Executive）

學習目標

總統制下美國總統之權職

美國總統所受到的限制

議會行政制下英國首相和內閣

法國行政制之特色：

　　　介於總統制與議會行政制之間之混合制

前 言

行政機關理論上來論是執行機關，由於過去行政權之獨大，以及近代行政權因國際經濟競爭和軍事的運作亦有擴大之趨勢，所以提到「政府」兩字是指行政部門而言。即使在三權分立的美國，雖立法、行政、司法互相獨立，但常人提到政府亦是指行政部門，如此可知行政機關之重要性。

行政機關在不同政體下扮演不同之職責，在本章中要討論到美國總統之職權以及對他職權限制的力量，同時亦要討論英國行政制的特性，尤其英美兩種制度下，行政和立法之關係相當複雜，有研究的必要。

第一節 概說

現代政府非常複雜，包括立法、司法、行政等機關，由於過去政體權力架構的集中（君主、國王或皇帝），以及現今各行政機關（美國總統、英國首相）權力仍然龐大，對人民影響還是最重要，所以提到政府，通常仍然是指行政部門而言。

行政機關理論上是執行法律和政策的機關，其實行政之職權不祇如此，行政機關本身就扮演政策決策的導向，例如美國總統每年年初就會到國會發表告全國書（State of Union），在諮文中提出決策之方向，同時行政機關亦要督導政策之執行，行政單位亦要負責在執行後如何利用大眾傳播對政策加以宣傳和支持，使執行圓滿順利的推進，當然國家在遇到緊急危機，行政單位要負責領導，因爲行政機構行動快速，能在短期間內做出決策。因上述的各種重要功能，難免行政機構被視爲政府

之核心❶。

　　從各國行政結構與職權之分配上看，可將行政機構分爲一、單一制 (Single executive)，二、雙頭制 (Plural executive) 兩種。

　　單一制的行政系統是行政權完全集在一人身上，行政權通常是指一國元首和決策之行政首長，例如美國採單一制，總統一人既是美國元首又是行政機關的最高決策者。雙頭制則行政職責由多人分享，英國、日本均採此制，例如英國的元首是皇后 (Queen)，其行政首長則是首相。國家元首是對外的，象徵性重於政治實權，行政首長是主掌內部的，是政府之最高決策者，至於一國採單一制或雙頭制是要看各國憲法和歷史背景而定❷。

　　爲了更進一步了解行政機關，我們要先討論總統制的美國總統，再討論英國議會行政制，如此比較下，我們可獲得較完整的答案。

第二節　美國行政機關——總統

　　根據美國憲法第二條規定「行政權授予美國總統」，在同條第四款並明確的規定總統應忠誠的執行法律 (he shall take care that law be faithfully executed)，由此規定，美國總統一人掌握行政大權，很明顯屬於單一行政制。

　　現將他的權職介紹如下：

---

❶King, Anthony, ed., *Both Ends of the Avenue*, Washington, D.C.: American Enterprise Institute, 1984.

❷如要進一步研究各國行政機關之特色和立法機關之互動關係可參閱 Almond, Gabriel, and Powell, G. Bingham Jr. 合編的 *Comparative Politics Today: A World View*, 4th ed., Glenview, Ill., 1988.

一、總統是國家元首

在國際舞臺上，他以元首的身分代表美國，他代表美國出席聯合國每年年會開幕而致歡迎辭，他代表美國出席各種高峯元首會議（Summit meeting）。元首的地位高，象徵價值高過權力，然而象徵性的角色很容易使人看出，他是美國的大家長、發言人。

二、總統是最高行政首長

憲法雖將行政大權授於總統一人，他無法單獨將行政事務辦好，他需要一行政系統——官僚體系來爲他辦事。在美國至少有二百多萬人屬於行政系統（不包括軍職人員），他指揮他們，也爲他們負責。在憲法中明確的給他權力任用各部會行政首長（他有權組織內閣），同時他如不信任某一閣員，或認爲某行政主管工作不力，可以免他的職務。由於美國國大事繁，雖然有龐大的官僚系統爲行政作業，其重大行政決策還是操在總統之手。

三、總統是最重要的立法者

憲法雖將立法權授予給國會，如仔細的分析，我們不難看出美國總統也享有極大的立法權，以個人來論，他的立法權限和影響力是無他人可比。現將他立法權分述如下：

㈠按美國憲法規定，祇有國會參衆兩院之議員享有提案權，總統不是議員，當然不能提案。但事實上他可以他的身分權力要議員們代他提出他要的議案，他所要的，或他支持的法案，不但會優先審議，而通過的機率也較高。

㈡按憲法他有權否決國會通過的法案，國會參衆兩院經過長期嚴謹的努力達到共識所通過的法案，送到總統手中時，他可放一馬簽署，或

否決（Veto）該法案。

㈢總統根據憲法付予他的權力而發布行政命令（Executive orders），行政命令祇要不違憲，和法律享同樣的效力，換句話說，總統透過行政命令而立法。例如前總統尼克森有鑑於能源之缺少而下行政命令，美國人在公路上駕駛時速不得超過六十五英哩。

㈣總統有權和他國簽訂行政協約（Executive agreement），行政協約和條約（Treaty）有同樣效力，條約之簽訂是國會與總統同享的，總統和外國協商，參院行使同意權。但在特殊或緊急情形下，總統可不經過參院之參與而自己直接和外國簽訂行政協定，因爲行政協定和條約的效力是相同的，均是至上的國內法（Supreme law of land），所以總統有如此大的制法權（條約和行政協定均產生權利義務關係）。

四、總統是美國外交首長（Chief Diplomat）

美國國務卿是執行外交的最高官員，美國總統則是外交的決策者。他不但有權任免大使（他提名，參院行使同意權），同時接見各國派駐美國的各國大使，他和參院同享條約簽訂締結權，更能和外國簽訂行政協定。雖然國會常常向總統挑戰爭權，總統的回答是他處的地位比誰都了解國際事務，因此總統往往不顧國會的警告而自行決策，卡特總統在一九七九年突然改變其對華政策就是最佳例子。

五、總統是美國三軍統帥（Chief of the Military）

這是總統最重要職權之一，按憲法軍權是操在總統手上。雖然制憲者當初了解戰爭的嚴重性，爲了慎重起見而將宣戰權交予國會，但利用戰爭用兵不一定要宣戰，在美國二百多年歷史上不宣而戰的例子不勝枚舉，韓戰、越戰均是佳例。

總統不但可以對外用兵，也可以對國內動亂時用兵去鎮壓或執行法

律。

六、總統是黨魁（Party Leader）

在大選結束前，總統候選人不一定是一黨的黨魁，一經當選，總統立即成爲該黨之黨魁和發言人，他將代表他的黨，表明黨的立場和施政目標。政黨在美已漸次失去其傳統的性質，成爲選舉機器，但總統常常用他在黨的地位（黨魁的身分）對他自己黨的選民，以及同黨的參、衆議員施以壓力來推展他主張的政策。例如他所支持的法案在議會審議時遭到阻擾，他可以要選民向他們選出的議員寫信投書、打電話來說服他們，他更會親自去見本黨的議員曉以大義而改投支持的票。

七、總統是民意取向的導演（Director of Public Opinion）

總統和國會的權均來自於民（民選的），因此民意的支持和反應對總統施政是非常重要，總統是政治之核心人物，他的一舉一動均是大衆傳播的報導題材，因此，他可以利用大衆傳播來影響民意的趨向，進而支持他所推行的政策。美國前總統雷根被人認爲他是最佳的宣傳家，他一遇到阻力和困難，他就上電視、上電臺來說服人民支持他❸。

由上述的分析，可看出美國總統是一人戴上多頂的帽子，每一帽子給了他頭銜也給了他權職，而這些權職往往是互相支援的，難怪有人認爲美國總統好似民主的獨裁者（Democratic Dictator），這當然是言過其實不正確的看法，下節要談到爲什麼此觀點不實的原因。

---

❸參閱 Richard E. Neustadt, *President Power*, New York: New American Library, 1964.

第三節　影響總統權力的控制力量（Restraints）

看了上述總統的權職，毫無疑問的是他集大權於一身，在美國制憲之初，制憲者最擔心的就是集所有權在一身的專制獨裁者，因而採三權分立制來制衡，制衡的目的是使總統的權變爲相對的權而非絕對的權。換言之，總統的權限受到其他外力的控制（Restraint），由憲法的規定和政治演進的發展，總統受到下面的控制：

一、立法上的限制（Legislative Restraint）

限制來自立法機關，三權分立體制下，憲法刻意的作了制衡的安排。立法對行政權的控制很多，最重要的是財務支配權，政府每年的稅收和支出均由國會來審議決定，道理很易懂，國會如果不給預算，行政無經費，政策將無法實施。除了財務大權在國會手中之外，國會也可行使所謂的「雙重否決」（Double veto），亦即總統否決國會法案後，國會兩院以過三分之二支持該法案，法案即成爲法律。換句話說，立法的國會對法案有最後之決定權。而且在任用大使、法官時，參議院享有同意權，如果總統提出的人選被參院否決，總統不但尊嚴掃地，也會引起人民對總統決策能力的懷疑，最後國會享有對外宣戰之權。

上文也提到總統可不宣而戰，由於美國過去的總統引發了很多戰爭，使國會非常沒面子（有人批評國會一直在其權力邊緣睡覺，沒有盡到應盡的責任），所以在越戰後一九七三年，國會通過了戰爭權力法案（War Power Act），根據該法案的規定，在國會尚未宣戰或授權給總統用武之前，總統用武行動不得超過六十天，國會也可隨時通過法案要求總統停止用武行動。因爲該法案涉及到總統權限過大，和美國國家利益關係重大，當時總統曾加以否決，但國會一方面爲爭面子，一方面憲法確實

給予國會宣戰權，因此國會運用雙重否決，否決了總統之否決而成爲了法律，但有趣的是，總統到今天尚未用過這條法律，遲早該法律會進入司法程序，看看它是否違憲。

最後要提的是國會有彈劾總統之權❹。

二、官僚限制 (Bureaucratic Restraint)

對總統權力限制來自官僚系統，按理官僚系統是爲協助總統執行法律和政策而設，本是總統的幕僚，應聽命於總統，但我們必需了解，美國有一年久而組織龐大的官僚系統，總統是民選的，來來去去，官僚系統變動不大，卻漸漸養成官僚系統的風格和觀念。尤其是總統依賴官僚的地方非常多，例如官僚系統提供總統需要的資訊（是總統的耳目），官僚系統提供政策之方案（總統日理萬機，那有時間、精力對每件事去做研究去策劃），因此官僚系統提供建議和解決方案，再加上官僚系統是爲總統去執行政策的，如果和官僚處得格格不入，政策在陽奉陰違下是絕對做不好的。由上面所述，我們可以明顯的看出，總統和官僚之間的關係至爲密切，因此造成官僚可左右總統的某些決策。

三、利益團體對總統的限制 (Interest Groups Restraint)

利益團體是民主政治必然的產物，因爲民主講平等，平等在政治領域中是每人享同樣的政治力量（一人一票），正面的是你的聲音意見和別人一樣重，反面的來講，一人祇有一票而已 (equally powerful, equally powerless)，所以在民主政體中，要政府重視你的訴求，你必需組織起來而成立利益團體對政府施以壓力。爲什麼總統會在乎利益團

---

❹參閱 James, Simon, *British Cabinet Government*, London: Routledge, 1992.

體呢？因爲利益團體可以提供總統需要的東西。總統在競選時需要票，利益團體可提供選票，總統在競選時需要經費，利益團體可提供錢（捐款的多寡對選舉之成敗有密切的關係），總統在決策後需要支持，利益團體可以給予支持。既然利益團體有如此多的資源提供給總統，爲了維持好的關係和繼續之支持，總統有時不得不受到利益團體的影響。

四、民意對總統的限制（Public Opinion）

民意是政治人物最愛也最怕的，在民主政治下，決策者不得不隨時注意民意，民意是政治人決策之溫度表。爲什麼總統如此在乎民意呢？答案是民主之決策取向應該以人民需求爲歸依，尤其是靠近大選時期，總統要想連任，就得討好民意，否則會爲自己添上麻煩。

由美國總統受到控制的情形，我們可以了解，總統不是民主的獨裁者，而衹是政治舞臺上的主角，按其政治手腕和政治領導能力，他的權可大也可小。

總之，美國總統權力確實很大，但都是相對的，而不是絕對的，這正是三權制衡下的安排。他在行使權職時不得不考慮到上述四大外來對他的控制力量，至於何種控制團體會影響到他決策的程度，則要看問題的性質以及總統當時的目的而定。一般來說，就政策性質來論，如果政策涉及到國家安全，則立法機關國會和民意影響力最大，假如政策涉及到經濟貿易，很明顯利益團體會扮演較重的角色，假如政策有關手段的運用（外交、經濟、或軍事），當然國會和官僚系統的看法會被重視。又如果政策涉及到全民利益時，稅之增減、全民保險之設置和建立，這些問題民意一定會受到重視，這些衹是按過去經驗推理而來的趨向。最重要的因素，也是最難下結論的，則是總統本人當時的心態和目的。但不管如何，總統在任何決策時均要能將利益整合，要擺平不同訴求也不是容易的事。

第四節　英國之行政機關（Plural Executive）

美國行政系統是單一制，總統是元首也是最高的行政首長，他一人享有所有之行政權。在英國，其行政系統是雙頭制，亦即英王（皇后）是國家元首，而首相（總理）和其組成的內閣享有行政實權❺。

英國選民祇投一次全國性票，亦即選國會下議院議員（House of Commons），選後按席次的分配，獲得多數席次的黨，其黨魁會自動的由英王任命爲首相（這是英國憲法傳統），黨魁的選出是由各黨内部自行作業。所以基本上，在未選前各黨已準備就緒，祇要選情一明朗，多數黨的黨魁就等著英王任命，任命後首相（Prime Minister）第一件大事就是組織内閣（Cabinet），内閣之閣員來自首相所屬黨選出之下院議員，人數大致二十四或二十五人。最特殊的地方是下院議員被選入内閣後成爲行政部門，但不因加入行政而喪失其議員資格和職權，他們仍然繼續其立法權職。換言之，他們身兼兩職，是行政最高機構之内閣，又是立法最高機構下議院（這和美國三權分立、不可兼職是大異其趣的）。因此英國行政與立法機構的關係是直接的，多數黨黨魁爲首相，首相選他同黨選出的下院議員精英爲内閣閣員，閣員仍然保留其下議院席次，其結果是一條鞭作業，理論上首相透過内閣，内閣透過下議院，既然是多數，當然法案之通過就很順利。所以英國政治之性質是首相不但可承諾，他也可以兌現（在美國三權分立下，個個可以承諾，人人不能兌現）。首相任職期是五年，任期一到就該重選，但很少首相會做到任期止時再選，因爲根據慣例首相有權解散下議院，一經解散，下議院每個議員要

---

❺參閱 King, Anthony, Executive, in Fred I. Greenstin & Nelson W. Polsby, eds., *Handbook of Political Science*, Reading, Mass.: Addison-Wesley Publishing Co., 1975.

重新加入選舉，然後再按得票多寡，新首相會被任命，新內閣會再重組，
如此周而復始。

首相離職（在五年任期內）是當他在議院中失去控制，亦即他的議
案被否決（Vote of nonconfidence），也可以說對他的領導不再被信任，
到那地步，首相有二途可行，一是辭職，一是解散不信任不支持他的國
會，宣布重新選舉，這是訴之於民的做法。如果選民支持首相，選民會
投首相所屬的黨，如此首相會再被任命首相，議員之成員支持他的一定
是多數。相反的，如果選民不支持他，不投首相所屬黨的票，首相所屬
黨會失敗而成為在野黨，另一大黨（在議會占多數席次的黨）其黨魁則
會被任命為首相，新首相會組新內閣，這個過程是英國行政首長更換的
作業程序。

因為在英國行政大權操在首相之手，首相是英國政治核心，有必要
進一步的探討。原則上首相是閣員之一，由於他在黨中的地位及和內閣
成員之關係，首相被稱為平等原則下的第一號人物（First among
equal）。首相為何能左右其閣員呢？第一，因為英國政黨黨紀很嚴，如
果閣員無理取鬧，將會受到嚴重的處罰。第二，英國首相知名度甚高，
他可以利用傳播界來對其閣員施以壓力。第三，英國行政接受集體負責
的原則（Collective responsibility），即閣員不得公開反對內閣所作的
決定，否則他應辭職。

英國首相和其內閣是英國最高決策者，英國是一傳統很深的君主國
家，世襲的英王（皇后）在英國政治上也扮演一些角色，但基本上英王
已不掌握政治實權，祇具有象徵性的影響力。雖然很多英國學者反對英
王之繼續存在，但這反對聲浪並不太強，現在讓我們看看英王對英國政
局之貢獻。

一、英王是英國團結的象徵，因為英王無實權，不必下決策，不滿
他的人數不會多，更加上英人一向保守，在愛傳統的心態下，不願意丟

棄這傳統制度。

二、英王是英國政治穩定的力量，因爲英王無實權，他超越了政治
（Above politics），他不代表任何黨派，代表的是全英國，黨危機時，
他可使英人合作而達到政治穩定。

三、英王是英國權威繼續之象徵，政府（內閣）可以因選舉結果而
改換，而英王仍繼續存在，這種政權延續是政治領域中的美德。

由上面分析，我們可以理解，在民主潮流的今天，爲什麼傳統的制
度仍然可以存在下去，乃是因爲英王確實對英國政局有貢獻。請不要忘
記，在政治上，團結、穩定和政治權力延續均是政治之最高價值，英王
爲英國提供的就是這些。

由本節的討論，我們可以清楚的看出，英國行政與立法關係特殊，
它們是同進同退的，尤其在英國行政作業時採所謂集體負責原則
（Collective responsibility），亦即所有行政閣員雖在決策前有權發表
其意見，但一經內閣會議後下的決策，不管是符合自己私人意見與否，
均要支持，絕不能公開反對，否則就應辭職不幹。其所以採如此集體負
責原則就是祇有在大家合作下才能達成任務，這和美國各閣員可以自由
發表意見或表達不同於政府決策之意見是完全不一樣的，難怪有學者以
和諧兩字說明英國政治之智慧。

第五節　法國行政機關

介紹了總統制的美國和內閣制的英國，現在談一談介乎總統制和內
閣制之間的法國行政機關。一般來説，採總統制的政府政局較爲穩定，
因爲權力集中，採內閣制因內閣聽命於國會，所以政局常常因倒閣而不
穩。法國之第三共和與第四共和均是內閣制，當時法國面臨內戰的危機，
急需權力集中的政體來領導，因此在一九五八年法國人要求他們國家的

救星戴高樂將軍（De Gaulle）出馬來主政，戴高樂的條件是給他六個月全權主政。在這六個月中，他爲法國制定了一部憲法，根據新憲法，第五共和正式在一九五八年成立，他被任命爲總統，這部憲法的目的是將戴高樂的權力制度化、合法化。根據這部憲法，法國採雙頭行政制，總統和總理分享行政權。

　　法國總統之權職爲：總統是政府之督導者（supervisor）。憲法條文中並未明確規定他將如何督導，只是憲法授權總統頒布國會通過之法案權，又授予總統要國會重新考慮該法案之權，如果國會拒絕考慮，或考慮後再通過法案。總統如不願簽署時又將如何？憲法則未提起。憲法又授予總統任命總理之權，但沒有提及他是否有解總理職之權，最使人反感的是，根據憲法第十六條的規定，當法國獨立和制度受到威脅時，總統有權中止政府正常運作，採取必要措施，這緊急權使總統可解散國會爲所欲爲。由上面所述，很明顯第五共和是屬於總統制。

　　令人不解的是憲法給予總理之權也不下於總統，例如總理有主持政府事務之權，並給予總理決定政策之權，更加上總統提名閣員組織內閣時總理有同意權，總理對國會負責，由此看來，法國第五共和又像內閣制。在如此混淆不清的安排下，總統與總理之間也常常起爭論與困擾，根據法國的經驗是總統和總理個人的性格和他們之間的人際關係決定和諧合作之程度。

結　論

　　現代先進的民主國家，行政機關仍然主導政治的運作，行政機關（不管是總統制或內閣制）是策劃、提出和執行政策的重心，同時由於人權

觀念的加深，先進國家對行政權之擴張也有顧慮，不希望行政權過大而影響到人民受到憲法保障之權利，因此才有各種措施來限制行政權。上文已分別介紹了總統制下美國總統和內閣制下的英國首相。在此要討論一困擾學界的問題，有人問究竟美國總統和英國首相誰的職權大？這是相當複雜的問題，要回答這問題就要看總統和國會立法機關的關係，以及首相和其議會（下議院）的關係，現分述如下：

美國總統之職權理論上不因立法機構成員變化而影響，因爲不管是民主黨或共和黨占多數，總統被選出後，祇要不被彈劾，可以平安的任職四年任期。當然如果總統所屬的黨剛好也是控制參衆兩院之多數黨，則可以在政策推行上容易些。原則上在互相制衡下，立法、行政總是有衝突的。然而英國首相和其內閣之權限完全要靠下院議員席次分布的情形，如果下院支持他（同黨的議員在下院占的席次）愈大，他的權力也愈大，相反的，支持他的席次減少，首相的威信和權力也減少，減到少於半數時，首相就無法繼續其職責，非辭職不可。由這一點看來，美國總統占有利的地位,然而如果英國首相獲得絕大多數下院議員之支持(亦即其政黨占絕大多數席次)，則首相可爲所欲爲，因此行政權之大小受到立法機構影響是最大的。

重要問題

一、美國行政機關是典型的總統制，試詳述總統之職權。

二、美國總統權力很大，其權力在制衡下受到限制，試述限制總統權的是那些力量？並說明其原因理由。

三、英國行政機關屬於內閣制，試述英國內閣之產生以及其和立法國會之關係。

四、有些學者認爲美國之政治智慧是「衝突」，而英國之政治智慧在「和諧」，以他們憲法精神和政治制度來說明之。

五、按本章的介紹，比較美國行政機關與英國行政機關之特色。

參考書目

Campbell, Colin, *Government Under Stress: Political Executive and Key Bureaucrats in Washington*, London and Ottawa, Toronto, University of Toronto Press, 1983.

Cunliff, Mabcus, *The Presidency*, 3rd ed., Boston: Honghton Mifflin, 1988.

Edwards, George C. Ⅲ & Stephen J. Wayne, *President Leadership*, New York: St. Martin's Press, 1986.

Fenno, Richard F., Jr., *The President Cabinet*, Cambridge: Harvard University Press, 1959.

Fissher, Louis, *President and Congress: Power and Policy*, New York: Free Press, 1972.

Greenstein, Fred. I., ed., *Leadership in the Modern Presidency*, Cambridge, MA: Harvard University Press, 1988.

Hargrove, Erwin C, *Presidents, Politics and Policy*, New York: Random House, 1984.

Herring, E. Pendleton, *President Leadership*, New York: Holt, Rinehart and Winston, 1940.

Kellerman, Barbaba, *The Political Presidency: Practice of Leadership from Kennedy through Reagan*, New York, 1984.

Lowi, Theodore J., *The Personal President: Power Invested, Promise Unfalfilled*, Ithaca: Cornell University Press, 1984.

Nelson, Michael ed., *The Presidency and the Political System*, 2nd ed., Washington, D.C.: CQ Press, 1987.

Neustadt, Richard E., *President Power: The Politics of Leadership from FDR to Carter*, New York: John Wiley, 1980.

Page, Benjamin I. & Mark P. Petracca, *The American Presidency*, New York: McGraw-Hill Book Co., 1983.

Pious, Richard M., *The American Presidency*, New York: Basic Books, 1979.

Polsby, Nelson W., *Congress and the Presidency*, 4th ed., Englewood Cliffs, NJ: Prectice-Hall, 1986.

King, Anthony, ed., *The British Prime Minister*, 2nd ed., Durham, NC: Duke University Press, 1985.

Mackintosh, John P., *The British Cabinet*, 2nd ed., New York: Barnes and Nobel, 1968.

Rose, Richard & Ezra N. Suleiman, eds., *Presidents and Prime Ministers*, Washington, D.C.: American Enterprise Institute, 1980.

第六章　立法機關
（Legislature）

學習目標

立法機關之結構與功能
立法者應扮演角色之理論
美國國會組織及程序原則
美國立法程序
英國立法機關的特性

前　言

　　就世界各國對立法機關組織的安排，大致可分爲一院制（Unicameral）和兩院制（Bicameral）。一院制即由單一立法機關從事立法職權，兩院制則立法權由兩個立法機關分享，至於如何分享則按各國之憲法和歷史演進過程而決。一院制的優點是可快速的制定出需要之法律，而兩院制雖費時花錢，但在慎重原則下，可防止考慮不周的法案制定成法，各有利弊。一般來説現代先進的民主國家均採兩院制。

　　美國、英國均採兩院制。美國參院（Senate）、衆院（House of Representatives）權職相當，在制衡下仍然效率頗高，有討論的必要。而英國兩院：上院（貴族院，House of Lords）和下院（平民院，House of Commons）在職權上是下院獨大，上院祇有拖延的權而無否決之權，究竟如此安排智慧在何處也是本章要討論的。

第一節　概說：立法機關之結構與立法功能

　　在過去之君主時代，專制獨裁，以及現代的寡頭軍政府，皆無單獨、獨立的立法機關的存在，他們本身兼有三職，是立法者、司法者和執法者。現代的政府，絕大多數均有其獨立或分開的立法機關。由於現代人生活日趨複雜，社會的變遷較快速，行政權有擴大的現象，所以很多人所提到的政府兩字，是指行政機關而言。其實立法機關是政府非常重要的一部分，尤其在三權分立的國家，或採內閣制的政府，前者立法、司法和行政鼎足而立，後者立法更可控制行政。至於立法機關之結構、職權（功能），以及與其他政府機關之關係，均得按各國憲法和慣例的安排而定。

一、立法機關之結構

一般來說，立法機構按其組織可分爲：一院制（Unicameral）和兩院制（Bicameral）二種。

兩院制乃是一政府中有兩個立法機構分享立法權，至於兩院之間職權大小的分配與關係，按慣例或由憲法安排之。

最典型的兩院制是美國立法機關——國會（Congress），國會有兩院：上院是參議院（Senate），下院是衆議院（House of Representatives）。參院共一百人，由每州民選各二名，如此安排，一方面達到州與州之間的平等，另一方面小州在平等原則下不會被忽略。衆院有四百三十五位衆議員，每州議員的數目按各州人口的多寡而定。人口多的州選出較多的衆議員，例如加州、紐約、密西根、伊利諾等均是大州，人口稀少的選出人數少的議員，例如緬因、內華達、夏威夷等。如此的安排，也是合乎公平原則（以人口爲準）。除了一些特殊規定，例如有關稅的法案應先由衆院提出，或祇有參院享有條約簽訂同意權，和任命大使、任命聯邦法官同意權外，其他兩院職權大致一樣。兩院單方有否決對方的立法權，很明顯的是要互相制衡以防止思考不嚴的法案制定成法。

前文提到美國是典型的兩院制，兩院職權相同，英國雖也是兩院制（上院和下院），但上院由貴族組成，下院則是民選的，當英國愈來愈民主之時，上院的權慢慢的移轉到下院，到今天，上院祇有拖延法案而無否決法案之權（下文再說明其原因）。

一院制乃是立法職權由單一機關行使，傳統的政體，以及一些新興國家採一院制，不像先進的國家，一切均已上軌道。這些國家萬事待舉，在有決策比無決策、新決策比舊的來得好的心態下，快速立法是她們的目標，因此不需要兩院來慢慢制衡，祇要達到頭痛醫頭、腳痛醫腳就行了。

二、立法功能

雖然各國立法機關名稱不一，其功能則大致相同。

(一)制定法律 (Law making)

法律是人在社會中行爲之規範，因此必須按社會環境的需要，以及社會需要的改變，而制定不同的規範。負責制定新法或修改舊法的責任則歸於立法機關。立法按性質可細分爲 1.分配資源性立法：這是對國家財經之收支作決定，多少稅收、多少支出、如何分配支出等等，例如國防、教育、交通、社會福利等經費應占總支出的多少比率。2.保護性立法：某些社會成員應受到何種保護，例如婦女、兒童、原住民等等，甚至對某些動植物之保護也包括在此。3.管理性立法：某些行爲應受到限制，某種行爲應受到公權力的懲罰，如刑法屬於此類。4.涉及其他國家事務的立法：一般來説立法以國內事務爲主，然而在國際關係日趨頻繁的今天，政府與政府之間的接觸愈來愈多，進而需要以條約的簽訂來決定權利義務的歸屬，而條約之簽定，原則上是立法和行政共同的職權❶。

(二)爲民服務 (Constituency service)

很多立法者因民選而以人民之代表自居，事實上在民主政治原則下，立法者不但立法時要以民意爲依歸，在平時也要以服務來爭取民心，獲得選民之肯定和支持。以美國國會參、衆兩院議員來説，他們花很多時間和精力在爲民服務上，僱用不少助理來從事服務選民的工作。例如回覆選民之電話、信件、解決選民的困擾（大部分跟官僚系統有關，如福利金没按時收到，或榮民保險金額不夠支付等等）。總而言之，祇要選民提出訴求，如果是合理而且在議員能力範圍內可做到的，議員就會設

❶參閲K. C. Wheare, *Legislature*, New York: Oxford University Press, 1963.

法去解決，這正合了我國一句頗有智慧的老話，要平時多燒香，到選舉時就不要抱佛腳了。選民眼睛還是蠻亮的。

㈢監督和批評政府 (Oversight and criticism of government)

立法機關是控制國家財政收支的機關 (Control the purse)，預算之編立、資源之分配 (決定如何分大餅以決定誰應獲得多少) 均透過立法決定後交付行政機構去執行。至於行政機關是否忠誠的執行了會受到立法之監督，如果行政工作不力或未照立法去執行，立法機關亦有權去批評並要求行政單位改正。過去君權和神權時代，政府所作所爲是不可也不能批評的，一方面下屬不敢犯上，一方面官官相護，所以沒有機關可以督導批評統治者的。可是在三權分立的國家，爲了防止行政權之濫用與專橫，行政一定要受到督導。最好的例子是行政首長有義務向立法機關作施政報告和解釋，在報告時行政首長會被責詢。甚至在英國立法和行政不分立下，國會對內閣以及首相擁有諮詢權❷。

㈣教育大衆的功能 (Education of the public)

除了上述立法功能外，另一不爲人注目，卻相當重要之功能就是教育大衆。在立法之前，議員會召開公聽會了解民意之趨向，在立法後，議員們應將新的立法告訴民衆。在美國，議員們不斷的將最新立法之資訊——尤其是民衆應注意的事項用信件方式寄給選民，特別是當某法案是該議員所提出或簽署支持時，該議員更會利用機會大做文章。有些議員們會在他們的選區舉辦討論會、意見發表會，在這種場合，議員們會乘機做一些宣傳來教育選民。在民主政體下，選民與議員是雙邊關係。

㈤代表人們之功能 (Representation of public)

民主政治是以民意爲依歸的政治，即使議員們一般來講可能比選民

---

❷我國立法院在改革期間有自我膨脹的現象，爲了爭取選票，很多立法委員在諮詢時常常做出不合程序之舉，甚至有肢體動作，立法院形象受損。這除了自律外，更應由立法院透過立法改善之。

（大部分）的素質、知識、學識爲高，但畢竟他們是民選出來的，他們是人民之代表，當人民有不滿的訴求時，不管是合理、不合理，不管是可行或不可行，議員們有責任聽取他們意見，然後反映給國會或行政單位。

第二節　立法者應扮演的角色（Role of the Legislator）

在討論到立法功能時，立法者是選民之代表，然而議員該如何行使他們的權職呢？不同理論給我們不同之答案，現分述如下❸：

一、代表理論（Representative Theory）

採此理論的學者認爲立法者是民選而來，是選民之代表，因此當選後立法者應反映選民之意旨與訴求，他不應以個人主觀意見爲其決策之基礎。因爲他的任務是反映民意，就像一面鏡子一樣，故又被稱爲"Mirror theory"，鏡子理論。立法者是人民之鏡子，其缺點就很明顯了，因爲如果立法者衹是鏡子，任何人均可以此爲面鏡子，爲什麼立法者在競選時一定要符合法律規定的條件（例如年齡、教育程度等等）呢？尤其在資訊發達的今天，電腦最能反映民意，爲什麼不讓電腦爲人民下決策呢？答案很簡單，我們希望立法者能提供他們的專業背景、獨立的思考。但在代表理論下，立法者個人的背景將不是重要因素。

---

❸參閱 Jean Blondel, *Comparative Legislature*, Englewood Cliffs, NJ: Prentice-Hall, 1973.

二、代理理論（Agent Theory）

採此說的則認爲立法者是選民之代理，按代理理論，代理人有權作爲被代理人最好利益最佳的決定。換句話説，代理人知道什麼是被代理人的利益，授權給他，他去辦就行了。在此理論下，代理人（立法者）有自由裁量權，不會受到選民太多的控制，原則是立法者總是爲選民利益去立法的，理論上頗合理，選他是相信他，就應讓他放手去做，讓立法者發揮其才智和能力。問題是㈠立法者是否是以選民利益去行使職權？㈡萬一立法者做了錯的決定，吃虧的是人民，要等到下次選舉才能控制立法者，往往是太遲了。

三、混合理論（Mixed Theory）

這是比較保險的做法，亦即混合上述二理論，有時立法者是選民之代表，他要反映民意像鏡子一樣，有時他即是人民之代理人，他有自由裁量權，以他的經驗、背景作出最佳的決定。雖然有時他的決定不一定反映選民之訴求，甚至有時他的決定（法案之投票）和其選民所訴求的相違背，既然他是選民之代理，大家要相信他，他一定有好的理由才如此做。美國選民對其立法者的態度近乎此學説理論，所以當議員做了與他選區民意相違背時，他會用各種方式，例如書信、聽政會，或親自回到選區向選民説明如此決定的理由，衹要合理合情，選民往往會接受他的解釋，而且會繼續支持他。至於何時立法者該扮演何種角色，這是藝術，這是要立法者自己去抉擇的，扮演得是否正確，選民在下次選舉投票時會作最後的評論。

四、政黨的代表（Representative of Party）

在黨紀嚴的政體中（如英國），立法者因政黨被提名、被選出，使

他成為政黨之代表，政黨也寄望當選的立法者支持黨的決策，因此在這種大家心裡明白之情形下，立法者個人的觀念往往要在貫徹黨的決策下自我抑制。如果立法者想做單獨作戰的英雄與其黨打對臺，下次將不會獲得黨之支持。

第三節　美國國會組織及其程序原則

美國國會屬於巨型的立法機關，參議院和衆議院兩院加起來一共有五百三十五位議員，按理論，大型立法機構因人多口雜意見太多，無法收到好的效率。可是美國國會不但提案多，而通過的法案每年也不少❹，其原因何在？答案是美國國會採用了一些組織和程序原則，這些原則是達到效率的因素。

一、委員會制度（Committee System）

有鑑於議員人數過多，無法讓每個議員從事每一項事務，因此在分工合作和興趣專長原則下，將兩院各分成若干委員會。委員會有四種：㈠常設委員會（Standing Committee）；㈡聯合委員會（Joint Committee）；㈢特殊委員會（Special Committee）；㈣兩院合組委員會（Conference Committee）。現分述如下：

㈠常設委員會（Standing Committee）

衆院有二十二個常設委員會，參院祇有十六個常設委員會，委員會名稱和其主掌之業務性質一致，例如農業委員會、教育和勞工委員會、國際關係（在參院則稱外交委員會）、司法委員會等等，每一委員會之人數也不一致，原則是參院委員會人數少，衆院之委員會人數多，委員

---

❹美國國會每會期要處理一萬件以上的法案，但祇有五百～一千件能獲得兩院通過。

會之主席是多數黨具有尊長地位者（Seniority）來擔任。常設委員會
對議案有生死之大權，如果在常設委員會遭到封殺，法案即壽終正寢。
委員會之主席決定議程，如果沒有他的支持，法案很難過關，大部分的
議案均在此終結，因此有人稱常設委員會是法案之墓園。所以千萬不要
以爲祇要在國會中提出了議案，國會就會接受而讓整院去討論。

除了常設委員會外，有些委員會會另設特別小組委員會（Specialized
Subcommittee），兩院合起來有二百五十個小組委員會（不全屬於常設
委員會，其他委員會也可設置）。

因爲常設委員會和小組委員會之設置，審議法案可以在快速的作業
下完成。

㈡聯合委員會（Joint Committee）

聯合委員會不審查法案，因爲兩院有些事務是相同的，所以不必由
每院去處理，兩院各選出議員組成聯合委員會去處理共同事務，例如圖
書館聯合委員會（Joint Committee on the Library）、印刷聯合委員會
（Joint Committee on printing），以及稅務聯合委員會（Joint Com-
mittee on Taxation）等。

㈢特別委員會（Special Committee）

當國會面對特殊情形或事件時，兩院均可成立特別委員會去調查、
去督導。例如在參院有老人問題特別委員會（Special Committee on
Aging）、小型企業特別委員會（Select Committee on Small Business）、
倫理特別委員會（Select Committee on Ethics），在衆院則有倫理特別
委員會（Select Committee on Aging），較有名的特別委員會則是水門
事件委員會（Watergate investigating Special Committee）。

㈣共同議事委員會（Conference Committee）

根據憲法規定，祇有在兩院一致通過的法案才能交付總統簽署，頒
布成爲法律，如果兩院對同一法案有異議時，就要兩院各選出同樣數目

的議員組成 Conference Committee，其主要目的是如何化解兩院的歧見而達到共識，所以共同議事委員會雙方之議員們要互相協調以求達成協議，更重要的一點是共同議事委員會所下的結論對兩院無拘束力，兩院均可以接受或拒絕，如果接受，則法案送交總統簽署，如果有一院拒絕，該法案就算被否決了。

另一點要提醒的是，為了要給共同議事委員會較多的力量，一般是兩院均會推出年資高、聲望大的議員參與此委員會協調，如此協調後的結論較易被兩院接受。

二、政黨之運作 (Party Line)

上文已提到美國國會人數龐大，各議員均是各州各地的精英，如果不加以組織，整個作業非常困難，所以議員們去國會的第一件事，就是加入該黨團，因為每個議員在競選時就背上了黨的名聲，因此被選上後進入國會就應歸隊，如此的安排，國會將分成四個集團：參院民主黨團、參院共和黨團、眾院民主黨團、眾院共和黨團，由此開始國會很多運作均是以黨團為基礎，如此人數變小運作較易。

三、議會中的領袖 (Leadership)

國會按黨分為四個黨團，各黨團均有領袖來領導作業。各位想想，議員們均是由地方選出，各人均為自主的獨行者，去國會如各自行動，會增加國會運作上的困難，好在國會各層次均有領袖來指揮，例如眾院有議長 (Speaker of the House)，他的權力非常大，主持會議，決定議程，甚至對某不合作違規議員加以責罰等，同時在眾院中有多數黨領袖 (Majority leader) 和少數黨領袖 (Minority leader)，而且有黨鞭 (Whip) 來協助議場之領袖和該黨議員溝通，使他們能了解領袖之意願，在投票時可以一致行動。在參院方面，其領袖人物大致和眾院一樣，有

多數和少數黨領袖，也有黨鞭，不同的是參院議長是由美國副總統擔任，因爲副總統不是民選出來的立法議員，所以他沒有衆院議長的實權那麼大。

由此我們可以看出，美國國會不但利用政黨來運作，同時各層次有領導者來指揮和下決策。

四、尊長原則（Seniority Rule）

美國被別人認爲，也自認是民主先進的國家，而國會更是代表美國民主的機構，然而在最民主的殿堂卻接受一最不民主的做法，那就是尊長原則（Seniority rule）。什麼是尊長原則呢？它不是年紀最大、服務最久的人掌有大權，它是在國會服務長久又未中斷的議員享有權力上的分配。要件是既要服務久，又要未曾中斷，缺一則不可。爲什麼國會不以民主方式選出他們的領袖，選出重要人員來主持國會業務呢？除了服務久較熟悉立法事務外，最重要的原因是議員被選出時已經過了漫長、化錢、費時、費精力的競選活動，被選出後到了國會山莊，再加入爭權爭名之選戰，太浪費時間，他們的任務是立法，不是去爭權，因此接受尊長原則，這是和平、自然的方法來決定權力的歸屬。雖然本質上不合乎民主原則，但國會議員了解這非民主方式背後的智慧，而又對他們自己也有利，祇要選民選出他們，久了自然可以掌重要權責。雖有數次遭到一些改革派人士挑戰，但尊長原則還是保存下了。

根據此原則，黨團之領袖、各委員會之主席、黨鞭，以及誰應該分配到那樣的辦公室、多少經費、助理人員多寡等問題均迎刃而解。

上面討論到四大國會作業原則，這些原則對國會效率均有正面之貢獻。而在美國參院中有一項既不民主，又有搗亂心態的舉動，那就是爲世人注目的 Filibuster（杯葛）。因爲參院是由副總統主持會議，他非民選議員，所以權限很小，參院一切本著「君子風度」，各議員擁有可不

受時間限制的發言權。在這種原則下，參議員均非常自愛而君子。但有時在特殊情況下，少數參議員認爲多數的決議並非是合理，甚至有强詞奪理之嫌，因此祇有用小人的方法，當他發言時他就不斷發言。由於他的不斷發言使該案無法作表決，當會期即將結束時，因他不斷發言，致使該案無法獲得表決而遭到胎死腹中的命運。當然在表面上，民主作業是要接受多數表決，少數阻止多數表決違反了民主規則和風度，但我們要了解民主之真意，多數決定並不代表多數的決定是對的，而祇是代表合乎多數利益爲多數支持而已，如果少數認爲該決議獲得通過會造成多數暴政（Tyranny of majority）時，少數爲正義而違反民主還是情有可原的。基於此立論，參院在組織特殊安排下（副總統爲議長）而養成了這種習俗，如果參院大部分均認爲這次少數議員（一人或數人）真正是無理取鬧，祇要有五分之三之議員投票贊成即可終止少數議員之Filibuster，這程序上名爲終止辯論（Cloture）。我國立法院中也常出現杯葛動作，但是立法院議事規則並無君子設定可不受時間的限制，很明顯地這種杯葛是違法行爲，也是無理取鬧。

第四節　美國立法程序

在美國社會中，每當某些人不滿現況，或認爲某些事不合理、不公道，就會説一句話：“There ought to be a law”可翻爲「該制出法律」。但法律不是人人可制的，唯有立法機關透過一定嚴謹的立法程序才可制出。各國均有立法機關，名稱雖不同，但立法程序大致是大同小異，現介紹美國立法程序作爲模式。

一、法案之提出（Introduction），在美國祇有參衆兩院之議員有權提出法案，在其他國家有時提案時要有一定人數的限制，但在美國無人數上的限制。即使總統希望某些政策制成法律，也要透過其本黨議員來

提。一般來説，議案可在任何一院提出（祇有有關財税案需在眾院先提出），法案在參院提出的將按先後次序而加以編號（S.007），如在眾院提出則給予 H.R.002 等之號碼。

二、法案提出後第二重要步驟是分別送交常設委員會。上文提到參院有十六個常設委員會，眾院有二十二個常設委員會。常設委員會是小型國會，是決定法案生與死的第一關口。常設委員會收到法案後會從事下述之事務：審查、召開公聽會、諮詢專家學者以及有關行政單位的官員，甚至邀請民眾作證，如有需要可成立小組委員會作更進一步的研究。到了某種程度,常設委員會會對該法案作投票表決以決定該法案的命運。如果該法案得到常設委員會議員多數之支持，則交付規章委員會（Rule Committee）。在參院沒有專設的規章委員會，在眾院中規章委員會決定在何時法案可進入眾院之議程，以及該法案容許多少時間來進行討論，假如規章委員會故意不理會此議案而未列入議程，該會期結束時該議案跟著也被封殺了。爲了防止規章委員會過分的偏見，提案人可在背後策動用法案朋友（支持該法案的議員）簽署要求規章委員會對此案有所決定。在這種壓力下（看壓力的大小），規章委員會可能提前審理該案，所以有學者稱規章委員會爲交通委員會，主掌議程之交通。

三、議案（Bill）到了眾院後，經過三讀程序（Three readings），最後由全眾院投票決定，獲過半數票即通過，通過的法案再轉交參院。同樣的立法程序將在參院重演，參院經過三讀通過後，該法案結束了國會之立法程序，通過的法案呈交總統。如果眾院和參院對該法案有不同決定時（任何不同看法），將由兩院合組共同聯合議會委員會（Conference Committee）（見常設委員會一節）。該委員會之目的是兩院能達到共識，能化解歧見。協議後之法案（Final bill）再分別送回參眾兩院投票決定，如有任何一院投票未獲半數，該法案即遭封殺。

四、由法案變法律之步驟

美國國會由憲法授權而有制定法律之權，但法案一定要經過一定程序才成為法律，現分述如下：

㈠經兩院通過之法案會送交給總統，總統有十天（工作天）的時間來決定該法案之命運，在十天中，總統在法案上簽名後，法案即成為法律。

㈡經兩院通過的法案在送交總統後，總統未簽名，十天後，國會仍在會期中，該法案即自動成為法律（總統對不太重要的法案，或不太贊成的法案，往往會如此的對待）。

㈢經兩院通過的法案在送交總統後，在十天期間內，總統明確的否決（Veto）該法案，該法案面臨下面二途：1. 國會如尚在會期中，該法案會再回到國會手中，國會如果認為總統的否決沒有道理，而且兩院意願又很強烈時，可分別將此已被否決的法案再行投票裁決，如果獲得各院的四分之三多數通過，該被否決之法案即成為法律。此為國會否決了總統之否決，因而稱為 Double veto，兩次否決。其理由為，雖然總統有權否決，但在絕大多數的立法意旨下，總統之權受到民主原則之重新考量，最後還是讓代表絕大多數的民意代表——國會議員有決定權。因為國會到底是國家最高的立法機構。2. 當法案到了總統之手後，而國會會期將在十天內結束，如果總統對該法案未加簽署，該法案即被否決（Pocket veto）。在十天內即決定被封殺故又稱為袋中否決（袋子是指憲法給十天時間讓總統決定）。其原因很簡單，因為十天期限過後國會已休會，將無法行使所謂的再否決（Double veto），所以總統可不採取任何行動而否決了該法案。各位一定奇怪，為什麼國會讓總統有這種機會行使袋中否決呢？乃是因為國會受到某些利益團體的壓力，不得不提此案，而通過此案的意願也不高，所以讓總統去否決，如此總統做了惡人，國會可向利益團體表態，我們是通過了此法案，總統否決了它。假如國會真正想通過一法案時，就會給國會自己很多時間，總統如否決了

它，國會有充裕時間行使再否決。

美國立法程序之所以如此複雜，其智慧爲在嚴密審查下，對每一項法案都能考慮周詳，立法影響到人民的生活與幸福，愈三思熟慮愈好。下圖爲美國立法程序。

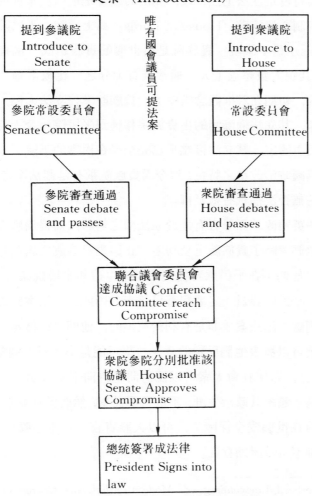

提案（Introduction）

所有議案均須參衆兩院通過方可呈送總統簽署

以上是以圖表表明美國立法程序,亦即如何由議案成爲法律之步驟。

第五節　英國立法機關之特性❺

英國是採巴力門（Parliamentary）政體制的國家，在巴力門的架構下，其特色是立法主控行政，立法的議會是最高決策機構。英國議會也採兩院制：貴族院（House of Lords）爲上議院；平民院（House of Commons）爲下議院。貴族院是由世襲的貴族組成（祇有很少數是受封的），其總人數超過千人，通常祇有十分之一比較活躍。平民院爲民選的下院，初期在君權觀念濃厚下，貴族院掌控立法大權，當英國民主觀念趨深，其立法權漸漸的由貴族院移轉到平民院。今天英國已是成熟的西方民主國家，其立法權幾乎已完全操在民選的下院手中。這種自然轉移是英國政治改革之特色，到今天貴族院祇有延遲法案之權（Delay），亦即上院無否決權祇有拖延權。

有些英國改革派學者有鑑於立法權之轉移，而提出廢除貴族院之説法。但他們忽略了貴族院重要功能，正因爲貴族院之議員是世襲而非民選，所以他們不在乎民意對他們的壓力（這和平民院議員不一樣）。要想當選，平民院議員一定要跟著民意走，因此當一法案到貴族院時，如果議員們認爲該法案並非是有利於英國的，他們可以拖延它。在拖延期間，他們可以發表他們反對的意見（很可能是不流行的觀點，Unpopular views），希望社會大衆可以認清問題再向下院表示。上面曾提到下院議員爲了繼續其政治生涯，不敢得罪民意，然而民意並不一定是對的，上院議員在世襲安全保障下，可以大膽直言（正義之聲），忠言逆耳在如此安排下可以繼續存在。

---

❺參閲 Gerhard, Loewenberg, ed., *Modern Parliaments: Change or Decline,* Chicago: Aldine Atherton, 1971. 同時可參閲 Jean Blondel, *Comparative Legislatures,* Englewood Cliffs, NJ: Prentice-Hall, 1973.

　　英國國會另一特性是有權解除行政首相之權職。在談到美國三權分立時，我們了解在美國立法、行政、司法是互相獨立、互相制衡的，總統被選出後，祇要不被彈劾，即使他得不到國會之合作和支持，立法機關無權去其職。但在英國如果首相不能獲得議會之支持，議會可以投不信任票逼使首相辭職（首相也可以解散議會，上文已提過），所以在英國，除非立法、行政互相合作外，其政事將無法順利進行。

重要問題

一、立法機關按其架構可分爲一院制和兩院制兩種，試述其代表之意義
以及其利弊，尤其在新興國家採一院制較合其政情，爲什麼？

二、試詳述立法功能？

三、在立法應扮演何種角色問題上有不同之理論，試討論各理論之內涵。

四、美國有龐大的國會，按一般原則，大型的國會不可能有好的效率，
然而美國國會效率很高，其原因何在？

五、爲什麼在民主原則下，美國參院會採行不民主的「杯葛」做法？

六、試略述美國立法程序（如何使觀念變爲法律之過程）。

七、何謂雙重否決（Double veto）和袋中否決（Pocket veto）？

參考書目

Blondel, J., *Comparative Legislatures*, Englewood Cliffs, NJ: Pren-
tice-Hall, 1973.

Boynton, G. R., & Chong Lim Kim, eds., *Legislative Systems in De-
veloping Countries*, Durham, NC: Duke University Press, 1975.

Grubb, Cecil V., Jr., and Pat M. Holt, *Invitation to Struggle: Con-
gress, the President, and Foreign Policy*, 3rd ed., Washington,
D.C.: Congressional Quarterly Press, 1988.

Davidson, Roger H., & Walter J. Oleszek, *Congress and Its Mem-
bers*, 2nd ed., Washington, D.C.: Congressional Quarterly Press,
1985.

Deering, Christopher J., ed., *Congressional Politics*, Chicago: Dorsey

Press, 1989.

Fenno, Richard F., Jr. *Congressmen in Committees*, Boston: Little Brown Co., 1973.

Fisher, Louis, *The Politics of Shared Power: Congress and the Executive*, 2nd ed., Congressional Quarterly Press, 1987.

Hutt, Ralph K., & Robert L. Peabody, *Congress: Two Decades of Analysis*, New York: Harper & Row, 1969.

Mezey, Michael L., *Congress, the President, and Public Policy*, Boulder Co., Westview, 1989.

Rifley, Randall B., *Congress: Process and Policy*, 4th ed., New York: W.W. Norton, 1989.

Suleiman, Ezra N., ed., *Parliaments and Parliamentarians in Democratic Politics*, New York: Holmens & Meier, 1986.

第七章　法律與司法機關
（Law and Judiciary）

學習目標

法律與其他規範相異之處　（Law and Other Rules）

法律之要件　（Elements of Law）

法律之淵源　（Sources of Law）

司法體制　（Legal System）

司法機關和法院　（Courts）

前　言

　　人受到很多種之規範，例如你不會用手去觸摸火，當你在高樓上看到你的女友來訪，你不會急得由三樓跳下去，因爲你知道火會燒傷你，跳樓會跌斷腳或跌死。人也會變老、會病、也會死，人受到自然法則（Natural law）的規範，同時我們得聽父母、師長、教練、上司的話，因爲受到倫常（倫理道德 Moral rules）的規範。如果你是虔誠的教徒，你不會也不敢毒罵你信仰宗教的神，你受到宗教（Religious rules）的規範。當你去聽古典音樂演奏會時，你不會帶會哭會鬧的小孩，你怕受到社會輿論的批評，你受到社會標準（Social standards）的規範。當然正常的你也不會去殺人，不會去偷盜，也不敢逃稅，因爲你受到法律（Law）的規範。

　　在本章中我們要討論法律與其他規範相異之處，更要討論法律之來源、不同法律體制，以及適用法律之法院等重要問題。

　　尤其在今天民主爲最流行的意識型態，民主和法治是分不開的，因此對法律以及相關問題在本章中將作較詳細的介紹。

第一節　法律與司法機關（Law and Judicial Branch）

　　假如人類都是善良如天使，社會就不需要政府，也不需要法律，因爲天使是善良的，不會犯錯，但人不是天使，需要政府制定法律作爲每個社會成員之行爲規範。在本章中首要討論法律之意義，再談法律之淵源（法從那裡來），同時也要介紹當今的法律制度（Legal system），還要簡介法律之類別，最後來討論適用法律之機構——法院。

一、法律之意義 （What is law?）

法國哲學大師盧梭 （Rousseau） 曾說過一句名言，「人生而自由，但處處被鍊子鎖住」（Men are born free, but everywhere in chain.） ❶。他說的鍊子是指規範而言，例如看到火，正常的人就避免碰它，你站在高樓窗口，當你心愛的女友叫你時，你也不會跳下去，因為你知道你會跌傷或跌死，你受到自然法 （Natural law） 的規範。如果你是教徒，想進天堂，你就不敢咒罵上帝，你想成佛，你就要燒香拜佛，行善做好事，你是受到宗教的規範。交女友晚回家怕父母責罵，上課遲到早退會受到校規的處罰，同樣你為非作歹做了偷、盜、殺人放火的事，你定會受到法律之制裁。人生時是自由，生出後受到自然法、宗教、倫理、家法、校規以及法律之規範，這些就是盧梭所稱的鍊子。而這些規範中法律最為重要 （在有生之年），法律究竟和其他規範有何不同呢？現在讓我們看看法律之定義與要件。

法律和其他專有名詞一樣，定義非常多，德國卡遜認為法律是國家的意旨 （Will of state） ❷，但究竟誰代表國家的意旨呢？按各國國體之不同會有不同之答案。一些主張自然法的學者將法律和理性混為一談，認為法律是對的、理性的表現 （Right reason）。理性如何表現這是哲學上的問題，作者認為法律是法院採用之人類行為規範，適用在每一社會成員，如有違背，會受到實質上之制裁。讓我先提法律之要件，同時進一步討論其和其他規範之相異處。

(一)法律是人類行為規範 （Rule of conducts）

---

❶Jean Jacques Rousseau （1712－1778），另一法國哲學大師，也是主張社會契約論者，他和霍布斯、洛克理論並不吻合，他更主張民主理論而提出"general will"一詞，然而至今 general will 尚無法明確的解釋清楚。

❷實用法學派學者反對以理性為源的自然法學派,他們認為法律反映立法者的意旨。

法律祇能規範人類之行為，法律無力控制人之思想，一定要有行動才構成法律之要件。例如甲偷了乙的車，偷（不為物主所知而拿走物品）是行為；丙拿了槍搶銀行，搶是行為；丁強暴了一名婦女，強暴是行為；張三謀殺了李四，殺人是行為。法律祇對人類行為加以規範。相反的，如果你心裡想犯罪，但無行為，則法律無力去規範。例如美國前總統卡特在一次記者訪問時承認他見到漂亮女子時有非非之想，非非之想雖不正經，但沒有行為，所以法律不得規範。如果你懷恨某人，每天早晚你祈禱希望壞事發生在他身上，心中默禱不是行為，所以你也沒犯法。

㈡法律是政府司法機構接受之規範（Applied by courts）

不是任何行為均會受到制裁的，一定要按法律之內涵和法意而被法院所接受的規範，例如上例張三用刀殺了李四，用刀是行為，所以法院會採用該法。如果醫生用刀為病人開刀，因無殺人意識而不被法院所接受；再舉一例，甲為男，乙為女，兩人均滿了二十歲，為成年人，如果甲和乙由互相同意而發生了性行為，法律無明文規定要處罰，但如果乙是未成年的女孩，甲就犯了強姦罪（Statute rape）。同樣的行為，但按法律的規定，有些該罰，有些不罰，法院祇能適用法律所規範的行為。

㈢法律具有適用通俗性（Generality）

通俗性亦稱為一般性，亦即法律適用於社會所有之成員，常用的那句「法律之前人人平等」最能說明此法律特性，根據此特性人人均受到法律之拘束。家規祇適用於一家，校規祇適用於一校，宗教的規範祇適用在信徒身上，而法律則適用在整個社會每一人身上。

㈣犯法者會受到實質上的制裁（Physical sanction）

違背倫理，可能受到良心的譴責，違反了宗教教條可能死後上不了天堂，這些懲罰是屬於心理上精神上的，唯獨違反了法律，會受到實質上的處罰。例如判處死刑、喪失生命、判處徒刑、喪失身體自由、罰金、喪失金錢，這些均是實體的懲罰。

由上面的解說，我們知道法律必須符合上述四要件，此外我們應該了解法律之特性以及和其他規範不同之處。

有些學者提出一相當難回答的問題，即法律與道德（包括倫理、宗教）孰重？那種規範比較有效？主張法律有效的一派學者認爲實體制裁會產生嚇阻作用，一些人不敢犯法，因爲他們怕受到實質上的處罰和制裁。道德之懲罰是屬於心理的，在人心不古的今天道德起不了作用；亂世用重典説明制裁的作用；然而採道德有效的學者則認爲，法律祇能在人犯了法之後加以制裁，法律無法阻止一人犯罪，所以他們的論點是，道德（倫理、宗教）可以默化人心，使人人趨善而避惡，心善心正的就不需要法律，道德可以阻止人去犯罪，所以道德效力較強❸。這是一哲學上的爭論題目，作者則認爲，既然兩者各有所長各有所短，在法治觀念的社會中盡力作倫理道德的宣導，兩者互用其效果會更佳❹。

二、法律的目的

法律的目的可分爲特定的目的和一般的目的：

㈠特定的目的乃是立法機關按社會之需要和訴求而特別制定的規範。任何法律均有其特殊性，例如最近我國由於發生太多雛妓，而有所謂幼女保護法之制定，有太多丈夫虐待妻子的事件，而有婚姻保護法的建議，如果制定以後，該法亦有其特定之目的——即保護配偶之正常關係。

㈡一般的目的乃是指法律所希望達到的理想，例如法律是維護正義的（Justice），在美國每當一罪犯被處刑後，在電視上、在報章上，記

---

❸歐洲中古世紀的名宗教學者 St. Thomas Aquinas（1225–1274）聖・湯瑪斯對此問題有創意的看法，他認爲控制人類行爲之法律和默化人類良心的倫理道德並不相衝突，而應是互相補其不足。

❹參閱管歐的法學緒論，修訂第六十八版第六章有關法系的特性和區分。

者會用一句"Justice is served"，即「正義已達到了」來說明法律的目的是維護正義的。法律另一通俗的目的是教育大衆對錯的觀念，合法是對的，違法是錯的。與此目的相近的是法律有懼阻的目的，法律要素之一是違法者會受到制裁，尤其刑法的性質與此目的吻合，有人提出「亂世用重典」即是以刑來懼阻人犯罪。最後法律的一般目的是在爲人類行爲定下規範，人無法獨居，在羣居生活中一定要有行爲規範來維持秩序，否則在無法無序的情形下，人類的一切，包括生命、財產、權益均無法獲得保障。

第二節　法律之淵源 (Sources of Law)

法律來自何處？按不同法系，其主要淵源也不同，大致法律之來源有下列數種：

一、習慣與傳統 (Custom and Tradition)

人類之所以異於其他禽獸，是因爲人類可以善用歷史的經驗和教訓作爲他們日後的行爲依賴。所謂習以爲常而構成有拘束力的習慣,是指習慣是自然的產物，有用之習慣會繼續延續下去，無用之習俗就漸漸被淘汰。但習慣到底沒有法律那種強有力的效力。英美法系的國家以習慣爲其法律主要淵源 (Major source)，亦即當兩個當事人起了爭端告到法院時，法官就會找過去習慣作爲判決之依據，當習慣變爲法律後，該案件之法理即成爲日後同樣性質爭端之法律根據，這過程名爲判例 (Precedent)。這判例將適用到社會每一成員上，所以英美法系又被稱爲普通法系 (Common law)。

二、立法者之意旨（Will of Legislators）

　　有些國家將習慣視爲次要之法源，接受立法者之意旨爲主要法源。意旨來自於人的慾望，當社會上發生了問題時，立法者就謀求解決之道，而解決之道則是透過立法程序制定成法律，所以，法律就成爲立法者之意旨。問題是誰代表立法者呢？這就要看是什麼樣的政體。如是君主政體，君主是唯一的立法者，他個人的意旨也就是他統治下國家的意旨（Will of state）。在貴族政體下，貴族們之意旨也就是該國家之意旨。在民主憲政的政體，被選出的立法者的意旨代表全民之意旨（Will of the people）。所以君主、貴族，以及代表全民的民主立法者的意旨是法律之主要淵源。

　　大陸法系（civil law）以立法者意旨爲主要法源，例如德國、義大利、日本均是屬於此法系。

三、宗教之教義教條為主要法源（Religious Rule）

　　一般的社會將宗教視爲可以教人爲善且可滿足個人心理需要的信仰，而未把宗教視爲日常生活規範。可是有些宗教國家（政教合一），宗教教義即是法律。最明顯的例子是回教國家，可蘭經（Koran）是回教的聖經，同時也是回教國之法典，司法機關即以它作爲審判的依據。正因爲宗教教義是其法源，法律道德混同是其特色。

四、政治意識型態為主要法源（Ideology）

　　政治意識强烈的國家，如過去德國的納粹意識型態，今天的共產國家之馬列意識型態，不但是那些國家政治的型態，也是那些國家法律之大典，在沒有司法獨立的情形下，司法機關成爲政治的工具，爲了配合政治之領導，政治意識型態則成爲主要法律之依據。

　　總之，法律之淵源雖有上述四種，各國往往採其一為主要法源，而接受其他為次要法源。例如我國是大陸法系，以立法者之意旨而訂下各種法律，但在無明文規定時，法官可以採用習慣和善良風俗為判決之根據。同時由於我國深受儒家倫理道德的影響，倫理也是我國法律之來源之一。一般來說，英美法系以習慣為主要法源，大陸法系以立法者意旨為主要法源，回教國家以其宗教教條為法源，共產國家則以其馬列意識型態為主要法源。

　　當我們進一步去研究這四大法律系統時，我們可以發現下面幾項是英美法系之特性：

　　㈠英美法系較重視個人權益，這是基於其政治理論。英美法系的國家均是民主先進的國家，在民主哲理下，人民權益是政治的目的，政府是謀取人民福祉的手段，因此其法律程序均以維護個人為出發點。在共產國家，人民是手段，國家利益是其目的，這種政治理論也反映在其司法程序上。

　　㈡英美法系很重視程序 (Procedure)，我們常見到的是 due process (正當程序) 這名詞，亦即司法程序要正當。例如在其刑法程序中，他們採信的是「無罪除非是證明其有罪」(innocent until prove guilty)，其意義是犯人應視同無辜，除非證明他是有罪。而證明有罪無罪的責任是在政府之司法機關身上，在今天律師費用如此昂貴的情形下，證明一人有罪無罪是既花時又花錢的事，而這些費用是由政府來負擔，這也反映到重視個人權益的另一明證。

　　㈢在英美法系的國家，沒有所謂的政治犯罪，而在共產國家，政治犯是最嚴重的犯人，原因也是和政治有關。因為英美法系國家是民主的國家，民主政治導致多元化的社會 (Pluralistic society)，在這種社會中各種意見均可以發表，沒有所謂絕對對的觀念和看法，因此在政治領域中是開放的，沒有太多限制的，所以批評或攻擊政府、政治人物之言

論是不視爲犯罪（言論自由）。在共產國家，意識型態是框子，任何人跳出框子就被視爲政府之敵人，因此政治犯罪是最嚴重的罪，政治犯威脅或傷害到的是國家的利益，在國家比個人重要的觀點下，刑也判得更重。

第三節　法律之類別❺

法律雖是人類行爲的規範，然而時代在變，人與人之間的關係日漸頻繁，使人的生活愈來愈複雜，社會爲了維持其秩序，就需要不同的法律來規範人們各種之行爲。法律類別很多，最重要的可分爲刑法、民法、憲法、行政法以及國際法五大類，現略介紹如下：

一、刑法（Criminal Law）

刑法是政府將某種特定的行爲列爲違法而加以懲罰的規範，因此刑法有二大要件，其一是，何謂犯某罪之行爲？即構成某種罪的要件，其二，處以何種刑罰？罪和刑是成正比的，罪愈重，刑也愈重。一般來說，按罪之輕重可分爲三類：㈠輕罪（Petty offenses），例如違警行爲、無照駕車、闖紅燈，因其行爲違害社會不大故罪輕，處以罰金即可。㈡比較嚴重之罪（Misdemeanors），屬於此類的犯罪行爲較重，但尚未對社會構成嚴重的傷害，例如妨害風化、賭博等，則處以較高的罰金，或是短期監禁。㈢重罪（Felonies），屬於此類的犯罪是對社會造成嚴重的傷害，例如殺人、強姦、強盜、綁架撕票等，因爲罪行重大，量刑也重，長期徒刑或死刑。有一點要提醒的是，在單一國家，全國採用同樣刑法，

---

❺民主與法治常用在一起，愈民主的國家愈重視法律，司法也愈獨立，人與人的關係也愈法律化（Legal Relations），因此在本章中介紹法律之類別以增加學生對法律之知識。

但，在聯邦國家，如美國，刑法分爲聯邦和州兩類，在美國有五十州，就有五十種不同之刑法，因此有同罪不同刑的現象。

二、民法 (Civil Law)

人與人相處，除了感情關係外，尚有利害關係，亦即權利義務關係，民法就是規範人與人權利義務行爲的法律。通俗的説民法決定人與人的法律關係，例如婚姻法決定夫妻間權利義務關係，契約法決定人與人在契約上的關係，債權、物權均是如此，當一方危害到另一方權利時，或一方應盡義務而未盡時，就產生了民法上的問題。民法之異於刑法者，是後者決定犯罪行爲和處以刑罰，而前者是決定人與人權利義務，所要求的是補償而不是懲罰。

三、憲法 (Constitutional Law)

憲法這主題已在第三章中詳細的介紹了，在此祇介紹憲法的目的。憲法是國家根本大法，是政治遊戲的規則，憲法有下面的功能：

㈠憲法確定國體的性質，是共和國國體，或是君主立憲，或是意識型態強調的社會主義或是共產主義國家，在憲法上均會明確標明。例如美國憲法緒言中指出，美國是本著民有、民享、民治的共和國。

㈡憲法確定政府機關之組織以及其權力的分配。國家是抽象空洞的名詞，國家的權力一定要政府來運用，而政府應如何分配政治權力，均在憲法上有明確規定。例如美國將政府權力分爲立法、司法、行政，立法權授予國會，司法權交付最高法院，而行政權交付給總統，而我國憲法則採五權政府，除了立法、司法、行政外，再加上考試和監察。

㈢憲法決定國民權利義務之安排，憲法又被稱爲人民權利義務之保證書。究竟國民應享什麼權利，應盡什麼義務均應在憲法上標明。憲法規定政府的權限，政府權力的終止正是人民權利的開始，就好像憲法決

定一條線，線的左邊是政府之權限，線的右邊是人民的權利，如下圖：

憲法

政府權限之｜人民權利的

終止（end）｜開始（begining）

真正按憲法規定去實施的政府，政府的權是有限的（limited），被憲法所限制，人民權利不應受到政府權力的干擾。而在極權國家，不按憲法施政，政府權是無限的，換句話說，在政府權力和人民之間沒有一條明顯的線，政府權可達到任何人民生活事務上，在這種情形下，人民權利就無法獲得保障。

另一點要說明的是憲法亦同時決定人民權利性質，在民主國家中，政治權較受重視，在共產國家中經濟權較強調。

㈣憲法要確定修憲的程序，在事無永恒原則下，任何精心製出的憲法均會因時、因環境的變化，而無法適應，因此一定要對其修改程序有明確的規定。

四、行政法（Administrative Law）

在各類法律中，行政法是比較年幼的法律，它是由其他法延伸而來。一般來說，立法機關在制法時是將大原則立入法條，制法時無法將細則完全列入條文中，法律制定後交付行政機關去執行，在執行前行政機關根據立法授權，在其授權範圍以及立法意旨範圍內可以制定細則規章去執行，漸漸的建立了一有系統之行政法。

五、國際法（Public international Law）

一國之政府，除了要解決國內問題——內政，同時按國家利益之需要，和其他國家以及國際社會建立了某些關係，漸漸的在國際上產生了

國家與國家之間之行爲規範，稱之爲國際法。按國際法院的章程，國際法有四種法源：㈠國際慣例（International customs），㈡國際協定與國際條約（International conventions and treaties），㈢一般爲文明國家接受的原則（General principles of law recognized by civilized nations），㈣國際著名國際法權威人士的意見（Legal scholars' opinion），前兩項是國際法主要法源，後二項是次要的，在無主要法源時考慮的法源。

國際法由於效力不及國內法健全，因此有學者批評國際法在缺乏執行機構下，是否應視爲法律或祇是國際輿論？另一問題是當國際法和國內法有牴觸時，何者優先？這些問題會在第十八章國際法和國際組織中說明。

第四節　法院之組織

法院是適用與解釋法律之機構，談到法院首要討論法院之結構，次要討論法院之管轄權（Jurisdiction）。

一、法院之結構

在單一國家中，法院是單軌制，在聯邦國家則採雙軌制，即聯邦法院系統和各州的法院系統共存，例如美國各州均有單獨之法院系統，所以有五十個州法院系統。因爲，美國是人權保障較被重視，而績效也較好的國家，其最大的原因是美國有健全的司法系統，介紹如下：

美國法院系統如下圖：

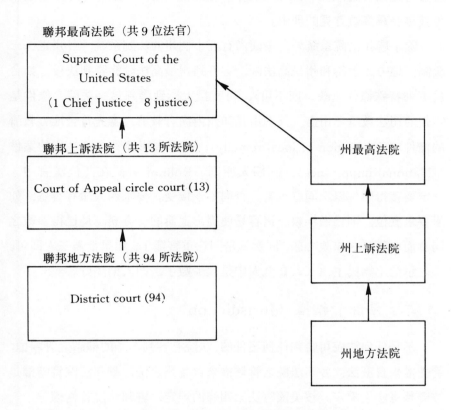

聯邦法院採三級制，最低的是聯邦地方法院（District Courts），全美共九十四所地方法院，共有法官五百名，每一件案子由一位法官審理（審理刑法和民法案子），不服的一方可提起上訴。

美國有十三所上訴法院，又稱爲巡迴法院（Circle court），共有一百三十二位法官，每件案子由三位法官組成合議法庭，按多數決的方式判決，不服的一方可向聯邦最高法院提起上訴。最高法院（Supreme Court of the United States）一共有九位大法官，一位是首席，另八位是 Associate，他們九人組成一合議庭審理每件送審的案子，也按民主程序多數決的方式判決，在判決書中除多數寫判決和理由外，少數反對

者亦可提出反對意見（Dissenting opinion），往往少數反對意見在幾年後被接受爲多數意見的理由。

除了聯邦法院系統外，美國尚有五十個州的法院系統，各州也採三級制，地方、上訴和州最高法院，案件到州最高法院終審判決後，如合於下列特殊條件（缺一則不可），可直接上訴到聯邦最高法院，條件是㈠州的司法救濟已用盡。其理由是如州內尚有救濟，應先符合地方救濟的條件（Exhaustion of local remedy），㈡重大影響到全國性質的案件（National importance），㈢四人原則（Rule of 4），在九位法官中，一定要獲得四位以上同意重審，否則不予接受。要求四人頗有智慧，如果要求五位，則已過半數，這容易使提出上訴的一方誤認爲已得多數之同意而會獲勝之錯誤心態，同意祇是同意重審罷了，如果祇需三人即可，那表示尚不夠民主，三人在九人中是太少數了，四人則剛好。

二、法院管轄權（Jurisdiction）

不是任何法院可審判任何案件的，法院有審判案子的權謂之管轄權。管轄權來自憲法，各州法院之管轄權來自各州憲法，聯邦法院管轄權是按聯邦憲法之規定。按美國憲法第四條的規定，聯邦法院管轄權分：

㈠案件性質（Nature of issue），有三種：

1. 案件爭論的是有關憲法問題，

2. 案件涉及的是美國的法律，

3. 案件涉及的是條約。

㈡當事人（Nature of party），有四種

1. 如果聯邦政府是當事人，

2. 州告州的案子，

3. 一州的公民向另一州公民提起訴訟，

4. 涉及外交人員的案子。

　　討論過美國司法機關後，最後要大略談一下英國和法國司法制度之特色。英國是普通法系（Common Law）之起源國，其法理和美國很相近，而法院之組織則是經過立法的，是據一八七三年之法案，根據此法案，所有法官均是由英王任命再經首相同意的，一經任命爲法官則享有終身職之保障。給予終身職的立論爲，給予法官最大安全保障後，法官可不受外界干預而可獨立行使其審判權。雖和美國是同一法系，但英國法院沒有司法重審權（Judicial review），亦即法院無權對英國立法或行政的決定審查其合憲性。一方面因爲英國無成文憲法，另一原因是英國是單一制，很多憲法問題沒有美國來得複雜，所以和美國一比，英國司法權比較弱些。

　　至於律師，在英國也和美國不一樣，英國律師分爲二種，第一類稱爲 Barristers，他們是可以出庭辯護的律師，第二類稱爲 Solicitors，他們可以爲當事人提供一切有關法律的服務，但他們不能出庭。而美國律師，祇要通過律師考試（Bar examination），可以從事任何有關的法律事務。

　　法國之法院制度也很特殊，在法國刑事民事不分庭，法院審理二類案件（這和美國一樣），但在法國行政法院則是獨立的。另一特殊的是法國法官和陪審團（Jury）一起審案，法官決定法律之適用和程序，而陪審團決定有罪無罪之判決和量刑，所以法國陪審團權力很大。至於法國之律師和美國又不一樣，法國律師祇能向法院提出另一方律師所犯的錯誤，他們不能在庭上訊問當事人。

結　論

　　在本章前節中曾提過民主與法治之關係，強調在民主架構中法律之重要地位，然而我們必須要認清的是過分強調司法的運用會導致司法的

濫用，今天的美國可作爲我們之借鏡。美國因太重視民主價值觀，重視個人自由權益，也重視物質的價值觀，所以有任何機會可以提起訴訟獲得經濟利益時絕不放過。今天的美國已被形容爲司法爆炸的時代，子女告雙親，學生告老師，屬下告上司，甚至信徒告教會，如此從事律師行業的人當然有錢可賺，但社會大衆一方面付出資源之消耗和浪費，同時由於司法濫用而破壞了人際正常關係，舉下面二例說明司法濫用之程度。一位醫生被病人告，訴訟的理由是在二十五年前原告出生時被告爲實習醫師在旁見習，因接生的醫師已過世，祇有該見習的醫師尚活著，原告告訴的理由是，在接生時醫生有過失使原告接生時不順利而影響到他的智力；又一位老師請學生回家吃飯，學生不小心在老師家跌了一跤而斷了腳，學生告老師過失傷害。在如此司法濫用之下，很多公園中沒有滑板沒有鞦韆的設備，因爲市政府怕被小孩家長告過失傷害，乾脆將運動設備一起拆下來。由於司法濫用，社會大衆付出太多的代價，我國社會在民主改革下漸漸强調個人權益、强調物質，將來也會强調司法之運用，但希望的是一切要合理，不要過分，否則也會走向司法爆炸的地步。

重要問題

一、以法律之要素來説明其與其他規範相異之處。

二、試述法律之主要來源。

三、試述英美法系之特色。

四、略述法律之種類。

五、美國因爲採聯邦制，其法院系統分爲聯邦與州之法院系統，各系統
　　按憲法之規定享有管轄權，在何種條件下，州法院之案件可上訴到
　　聯邦最高法院。

參考書目

Abraham, Henry J., *The Judicial Process,* 6rd ed., New York: Oxford University Press, 1993.

Baum, Lawrence, *The Supreme Court*, 3rd ed., Washington, D.C.: Congressional Quarterly Press, 1988.

Dworkin, Ronald, *Law's Empire*, Cambridge, MA: Harvard University Press, 1986.

Jacob, Herbert, *Justice in America*, 4th ed., Boston: Little, Brown & Co., 1984.

Friendly, Fred W., Martha J. H. Elliott, *The Constitution: That Delicate Balance*, New York: Random House, 1984.

Johnson, Charles A., and Bradley C. Cannon, *Judicial Policies: Implementation and Impact*, Washington, D.C.: Congressional Quarterly Press, 1984.

Shapiro, Martin, "Courts", in Fred I. Greenstein and Nelson W. Polsby eds., *Handbook in Political Science*, 1975, Vol. 5.

Soper, Philip, *A Theory of Law*, Cambridge: Harvard University Press, 1984.

Waltman, Jerold L., and Kenneth M. Holland, eds., *The Political Role of Law Courts in Modern Democracies*, New York: St. Martin's Press, 1988.

第八章　官僚系統
（Bureaucracy）

學習目標

何謂官僚系統？
官僚系統之功能
改善官僚系統的幾項作法

前　言

官僚系統、行政體系，以及文官制度這三名詞常常是互相通用的，這是指一批人數龐大、訓練有素、組織嚴密，且忠誠去執行法律、行政命令的男女❶。没有他們整個政府運作就會停頓，如果他們素質太差，執行不力，則整個行政效率將遭到傷害，結果受害者將是廣大民衆。當一般人聽到官僚二字就會產生反感，馬上聯想到的是繁雜之手續，層層的關卡，互相推諉又不肯負責的做法，再加上僵硬的規章，以及晚娘面孔等反面的觀點，而忘卻了官僚系統建立的原因，就是要選出優秀專業的人選，分層負責來增進效率。尤其在現代民主政治理論下，官僚不再是統治者用來管理老百姓的工具，他們是人民的公僕。爲何會產生如此混淆的反應，以及官僚系統的特性、功能均會在本章中討論。

第一節　概說：官僚系統（Bureaucracy）之特性

按考證，中國是建立官僚體系最早、最久的國家，透過公平公開競爭之考試，甄選出有學問者（不一定專業或有能力）爲當時統治者執法。很多西方人士承認中國古代的發明，如火藥、指南針、印刷術、紙等等，確實對世界文明之發展有貢獻，他們也承認中國之官僚系統，其概念、選拔之方法（考試制度）對政治學之貢獻遠超過其他發明影響到後來人類的生活。

中國雖是發明和採用官僚體系最早的國家，研究官僚體系本身，且

---

❶英文常用"Civil Service"一詞，服務的人員可用公僕。

把它當作一門學問的則是德國社會學家韋伯（Max Weber）❷，他提出下面官僚體系的特性：

一、官僚體系的組織層次分明，

二、每一層次的人員其職責和權限均明確規定，

三、官僚人員之甄選是本著能力和功績，而不是憑藉人際關係，

四、官僚人員之薪水按等級、職責決定，

五、官僚體系下級有服從上級指揮之義務，

六、官僚之陞遷按其上級之評審判斷而定。

由上面六項特性看來，官僚體系是一較理性的機構，其目的則是在專業、公平、合理下，製造出一有效率的工作機器。韋伯對官僚體系之研究確實開啓了先河，影響當然甚巨、甚深，但現代社會變化確實太快，層面太廣，官僚體系本身扮演之角色也隨著在變在改，有必要對官僚體系制度與現代政府之間的關係做進一步的探討。

第二節　官僚系統之角色與功能

一、一般行政管理

行政人員最重要之職責就是去徹底忠誠的執行立法所制定的法、行政所頒布的命令。立法機關之立法，和行政首長的命令均是將大原則提出，至於如何去執行，就得靠官僚系統去策劃，然後付諸實行。例如美

---

❷參閱 Weber, Max, *Theory of Social and Economic Organization*, Glencore, IL: Free Press 1958. 同時也參閱 Robert K. Merton et al., ed., *Readers in Bureaucracy*, 1952. 有關研究美國官僚制度的書可參閱 Frank J. Goodnow, *Policies and Administration*, New York: Macmillan, 1900. 和 Woodrow Wilson, "The Study of Administration", *Political Science Quarterly*, 2 (June 1887).

國國會要各州去推廣社會福利和健康教育，並撥出了專款來執行，國會之立法任務到此爲止，官僚體系要建立專門機構去管理這筆費用，同時計畫如何和各州行政單位合作製出教育大眾的教育節目，以及聘專業人員到各州去輔導，使大眾如何生活得更健康。我們要記住的是，不是立法一完就解決了問題，那僅僅是解決問題的開始，一切有賴官僚系統去執行。

二、服務

爲什麼現代官僚被稱爲公僕呢？因爲他們是爲民服務的，與其說政治是管理衆人之事，不如說政治是透過官僚系統爲民服務之事。服務項目繁多：軍隊是保衛國家的，因而人民可以安居樂業的生活；警察維持治安，打擊犯罪，使社會大衆有安全感；交通部建設高速公路、鐵路電氣化、地鐵等均是爲民提供更佳的設置；義務教育之延長，社會福利之增加項目，甚至爲農民提供貸金、病蟲害預防、優良種子的提供，到氣象局提供旱災、颱風氣象之資訊，這些均是官僚體系的職責。人類生活愈雜，官僚職責愈多。

三、制定行政法規及細則

理論上來說，官僚系統是執行機構，而非決策機構。上文曾提到，立法和行政決策時，均是大原則的決策，官僚體系在執行時就難免要自訂細則或規章。實際上官僚也在權限範圍內有決策之權，整個行政法（Administrative law）就是在這種情形下形成的。

四、發放執照

官僚另一功能是發放執照。官僚體系按某種因素認爲有必要而設下規格、標準、資格條件，以及費用之繳納。民眾是否符合標準、資格，

官僚系統負責審查和分發執照，專業的例如律師、醫師、會計師、護士之執照，一般的例如駕駛執照，在美國打獵、釣魚，均要有同意執照。

五、收集資訊為決策單位提供資訊和意見

官僚體系除了上述之功能外，由於他們處於與人民接觸的第一線，最能夠了解人民之需求和不滿。在民主政治下，政府應注意到民需與民怨，官僚系統就應提供那些資訊為決策之根據，同時因為他們有行政經驗、專業知識以及政治之實情，他們可以提供解決之道。試想如果決策者得不到官僚系統的全力合作和支持，行政效率一定低落，執法也不彰，同時決策者所需之資源和建議也將欠缺，決策者一定困苦而無法做出良好的決策。

第三節　官僚系統之惡習及改善途徑

官僚體系是每個政府必需有的制度，沒有官僚人員政策無法執行，官僚體系之功能以及建立的論點均是無可厚非的，廣大民眾應存感激之心才對，為何卻適得其反呢？原因很多，現略舉數項：一、官僚和民眾心態的改變。過去在專制政體下，官僚是統治者的僕人，是統治者「治人」的工具，人民是統治者之子民，在這種文化及高壓的權勢下，人民祇有認命，雖懷恨在心，卻無力反抗和表示。今天民主思潮流行，在民主政體下，官僚成為人民之公僕，他們不再是治人者，而是為民服務的❸，身為公僕的官僚人員就應一改以前處於上位的心態，社會大眾在民主政體下就要真正做主人，對服務不週、效率不彰的行政人員，就要透

---

❸在開發中國家重要課題之一是如何改變官僚對自己的觀念，和人民對官僚的觀念。往往官僚系統是那些國家最先進最具現代化觀念的政府機構，透過他們和人民之溝通，社會觀念才能建立。

過合法程序對他們評鑑、批評、建議，在新遊戲規則下，效率、服務品質自然會改善和提高。二、另一原因爲爲何社會大衆對官僚起反感，乃是貪污往往和官僚分不開，官商勾結，金錢與政治掛鈎。雖然我國那句老話「無官不貪」是太過分，卻説明官僚確實處於極容易貪污的地位，人一有了權勢往往會利用權勢謀取私利，這種現象最容易發生在新興國家。由於新興國家萬事待舉，社會變遷愈快，立法愈多，官僚制度愈需擴大，權責也愈增加，貪污的機會也隨著增加。

並不是行政決策者不想政治清廉，因官僚體系實在太大，權太廣。例如美國好幾位總統在競選時就向選民立下宏願，一經當選立即進行行政革新。卡特總統就是例子，但當他當選後住進了白宮，發現官僚系統的勢力和積習，結果革新也就不了了之。雖然行政革新不容易，很多國家深深了解官僚影響人民生活之嚴重性，因此也採取一些步驟來改善。

行政革新的幾項作法：

一、增加立法審查權：爲了督導行政單位，立法可以設督導小組來監督官僚系統，美國國會就常自設與行政單位同性質之小組，可以向行政單位提出異議，並隨時參與執行，以防止行政人員職權之濫用。美國的例子很特殊，它是三權分立、互相制衡的國家，立法督導行政本來合乎憲法精神，在其他模式的政府，如此做可能增加政府機關之間之摩擦。

二、裁減：官僚體系愈來愈龐大，乃是本著一原則，那就是設立機構容易，廢除則難，官官相護人之常情，立法機構既然有監督權，就應負起責任。有許多官僚單位由於時間之改變、情勢之改變已淪爲有名無實，立法機關應在編立經費時好好查一下，是否那些官僚機關有存在的必要與價值而有所存廢、裁減人員經費的決定。一九九三年六月美國ABC電視公司在一節目中就介紹那些有名無實、官員們祇拿薪水不做事的單位，例如茶葉品質進口管理局，在設置時確有必要，找專家選擇高品質的茶進口以確保消費者的權益，該局有大小官員十人，每月集會

一次，他們的工作是嗅茶、品茶，每位年薪六萬美金。最好笑的是有位大員在被訪問時，強調他討厭茶，喜歡喝咖啡，其他例子多不勝舉。

三、司法訴求：行政人員不管因公因私而對他人構成生命、身體、財產損害時，和平常人一樣受到司法之裁決。換句話說，民眾認為其權益受到官員不當的侵害時，可向法院（普通法院或行政法院，按各國之安排而定）提出訴訟，要求救濟或賠償。英美法系無獨立的行政法院系統，因此由普通法院審理，在大陸法系（法國、德國、日本和我國）特別設立單獨之行政法庭審理此類案件。

四、設立獨立之監察機構審查官僚違法行為。我國之監察院即屬於此類型，監察院可以調查、蒐證、訊問相關人士，如發現有貪污瀆職的事實，則可以彈劾。與我國很接近的一種做法是瑞典的 Ombudsman，它不像我國監察院是常設且獨立的機構，它是立法機關設立的專職監察機構，審理人民與政府官員之間的爭端，Ombudsman 不是由行政單位來指派或授權，他是來自立法機構，因為他是獨立自主，所以才能做最公正的判斷，他有權蒐集有關案子的一切資料，有權對失職的官員提出嚴重之譴責，並有權向司法機關提出訴訟，在如此安排下才可避免官員相護之弊端。

五、採地方分權以防止中央集權制所造成之官僚坐大。例如在政府中央集權制的法國、義大利，為防止或減少官僚權力之過大和濫用，可將部分職權交付給地方政府。

六、官僚政治化可減少官僚權力的濫用。因為官僚是專業的政府官員，享受到完好的保障，因此他們不需對選民負責，他們祇要對上司負責。如果官僚人員經常由一些具有民意（民選）的人來擔任，他們不但可帶來新的作風和觀念，而且他們願意盡力去服務人民，如此可減少享有良好保障的老官僚的惡習，進而在服務品質改善下，民眾對官僚的反應也將隨著改善。

　　官僚系統雖因由於太理性化而忽略了人情，太條文化而失去了運作之彈性，過制度化而忽略了創意，然而沒有他們整個政治作業將停頓，所以現代民主國家非常重視官僚人員之挑選、訓練和考核。例如英國、日本、美國，甚至法國、德國，高級的官僚人員均是出自名校，並通過相當難的考試，甚至對官僚人員德、智、體方面均要求很高，這一切說明先進國家了解且重視官僚們在現代的地位。

　　同樣的開發中國家雖萬事待舉，要改革的地方甚多，而行政革新往往放在優先地位，尤其開發中國家了解官僚人員往往是走在社會前面的現代人，透過他們與人民直接之接觸，可改正人民之觀念和做法。

重要問題

一、討論德國社會學家韋伯（Weber）對官僚系統所提出的特性。

二、試討論官僚系統和立法機關的關係。

三、試討論官僚系統和決策行政機關之關係。

四、官僚系統——爲民服務卻使人民對它產生反感的因素爲何？

五、詳細討論改善官僚系統之作法。

參考書目

Aberbach, Joel D., Robert D. Putnam, & Bert A. Rock Man, eds., *Bureaucrats and Politicians in Western Democracies*, Cambridge: Harvard University Press, 1981.

Bardach, Eugene, *The Implementation Game*, Cambridge: MIT Press, 1977.

Bectham, David, *Bureaucpacy*, Minneapolis: University of Minnesota Press, 1987.

Campbell, Colin, *Governments Under Stress: Political Executives and Key Bureaucrats in Washington, London, and Ottawa*, Toronto, University of Toronto Press, 1983.

Downs, George W., and Patrick D. Larkey, *The Search for Government Efficiency: From Hubris to Helplessness*, New York: Random House, 1986.

Gruber, Judith E., *Controlling Bureaucracies: Dilemmas in Democratic Government*, Berkeley: University of California Press, 1987.

Hyneman, Charles S., *Bureaucracy in a Democracy*, New York: Harper & Row, 1950.

Knott, Jack H., and Gary J. Miller, *Reforming Bureaucracy: The Politics of Institutional Choice*, Englewood Cliffs, NJ: Prentice-Hall Press, 1987.

Page, Edward C., *Political Authority and Bureaucratic Power*, Knoxville: University of Tennessee Press, 1984.

Ripley, Randall A., and Franklin, *Congress, the Bureaucracy, and Public Policy*, 5th ed. Pacific Grove, CA : Brooks/cole, 1991

Wilson James Q., *Bureaucracy*, New York: Basic Books, 1990.

Yates Douglas, *Bureaucratic Democracy: The Search for Democracy and Efficiency in American Government*, Cambridge: Harvard University Press, 1982.

第九章　民　意
（Public Opinion）

學習目標

民意的意義和質量
民意和公共政策
民意測驗之方法
影響民意的內外在因素

前 言

民意在民主政體中具有左右政策之影響力，民意究竟是什麼？在那麼多的民意訴求下，決策者應如何抉擇？近年來，民意調查在很多國家中成爲風尚，動不動就來個民意調查，其精確性，與政策的關係究竟應如何？這些有關民意的問題均會在這一章中提到。

有一點要先提醒大家的是，民意理論上是代表一羣人心中所想、嘴中所說的，絕不代表那羣人均會照所想所說的那麼去做（行爲）。

第一節　概說：何謂民意（Public Opinion）？

民意存在於任何政體中，在我國傳統社會中有載舟覆舟的説法，即説明民意的重要，所不同的是民意扮演不同角色，例如在君權、神權時代，講天意、神意，重統治者的意思——聖意，民意——小民的意見是不受重視的。但在民主政體下，「民意」扮演非常活躍的角色，政客怕民意，新聞界、學術界則喜歡民意，因爲他們可以靠它來做宣傳做文章。社會大眾也頗以民意爲傲，以爲是民意之製造者，没想到他們實際是民意之跟隨者，民意是如此的重要，但不是很明確的觀念。

在社會中實際上大多數的人是没什麼意見的，常被喻爲沈默的多數（Silent majority），絕大多數的人整天爲生活忙碌，也没太多時間和精力花在政治性的問題。當我們看到那些按民意調查的結果，百分之幾贊成，百分之幾反對，或百分之幾無意見時，那百分比又是代表些什麼？有些學者往往將民意和政治文化混爲一談，因爲兩者均代表一羣人的觀念、想法或看法。可是我們要知道，政治文化（Political culture）所涵蓋的層面較廣，觀念較深，非常固定，而且是最基本的價值觀（請參閱

第十章政治文化與政治社會化）；民意則是指對政策性問題的觀念，例
如對稅率的看法、對老人年金之發放、對外勞開放的看法、對核能廠建
或不建的看法等等，全是政策性，範圍較狹較具體。

　　民意和個人意見也有所不同，在民主體制下重視個人權益，美國有
句俗語是"everyone is entitled to his opinion"，任何人均有權表示他
的意見，即使傻子也不例外。問題是個人意見往往起不了什麼作用，民
意是私人意見，政府認爲重視它是明智的❶，顯然民意是當一羣人表明
他們對某些事的看法，引起了政府之重視進而有回應。但需要多少人有
共識，又是否需多數呢？這些均是無法回答的問題。

　　既然民意是一些意見引起政府之重視與回應，那麼怎樣才能引起政
府之重視呢？按凱依（V. O. Key）這位研究民意的大師，民意可分爲
三類型：一、消極的民意，這類型的民意政府往往可以不去注意它們，
例如民意對個人飲食、性生活、運動的觀點，這祇是個人的私事。二、
訴求的民意，這類民意是要求政府採取一些政策去改善目前的情況，一
般的民意均屬於訴求性的，例如在美國對墮胎的問題、對目前暴力犯罪
率之增加、槍枝管理、教育素質的下降等，以我國目前來説，貪污問題、
老人福利問題、砂石車肇事問題等。三、支持的民意，支持政府某些政
策，政府對此類民意最歡迎，往往會大做文章。很明顯第二類是我們研
究的重點，現在我們面臨的問題是，究竟政府在接受到各種訴求意見下，
將如何去處理，那些可忽視，那些該處理，那些該儘快去解決？答案是
要看民意所造成的壓力之大小❷。

---

❶在民主架構下，民意往往成爲政府施政的護身符，其實政府在決定政策前以試探
　的方法來找出民意的動向，如此對決策後的反應可以收到正面效果。

❷參閱 Key, V. O., Jr., *Public Opinion and American Democracy*, New York:
　Knopf, 1961.

第二節　民意的質和量 (Weigh)

　　一般來說，民意是抽象的觀念，怎麼可以去測量其重量？實際上民意可以由下面三角度來看它的重要性：

　　一、支持該民意人的數目。在專制獨裁的政府，統治者最重要，說一是一，人數不重要，但在民主政體下，數目就是力量 (number is power)，因為民主重個人，每人在平等原則下一人一票，所以數目成為決定爭端之要素之一。有人提出一令人頗費省思的問題——是否數目大就行了呢？那也不盡然，最明顯的例子是增加稅這項問題，任何社會的成員均反對加稅，訴求更多更好的福利，經費由那裡來呢？政府就不能因為「數目」一項來作決策之根據。

　　二、影響力大的人，也即有錢、有勢、有號召力的人，他們如果支持一件訴求，他們的影響力在政府考量時就會重視。尤其在民主起步的國家，那種人際關係，有錢能使鬼推磨的想法仍然存在，所以在民意中不但要重量，也要重質，有大老支持往往可以事半功倍。因此在美國每當一羣人有訴求時，就會找那些知名度大、有號召力的人物來加入陣營。有一例值得一提，美國原住民印第安人為了爭取他們的權益（土地的爭執），集聚在一小鎮向美國政府抗議不公平的待遇，剛開始這問題祇受到地方上人士的注意，當美國巨星馬龍白蘭度受到印第安人的遊說，加入抗議行列後，第二天成為全國性新聞，各大電視臺一報導，加入抗議的人更多，在強大壓力下，美國政府不得不出面來解決。所以說，民主雖講平等，但在政治領域中，還有更有影響力的因素。

　　三、訴求者之心態和其強烈性 (Determination and intensity)。在上文中提到民意有三大類，其中消極的民意其強烈程度一定很低，在訴求類型民意中，訴求者強烈程度往往較高。如何來決定強烈程度呢？這

要看訴求者願意犧牲的程度而定 （Degree of determination）。按心理學家的研究，人的心態隨對問題了解程度而定，可分爲三階段：

㈠Acknowledgement stage——對問題知曉階段，在此階段。當事人知悉這麽去訴求，但對此訴求自己没什麽意見，這是强烈程度低弱的階段，當事人不會去對它作任何奉獻和犧牲。

㈡Recognition stage——認清階段。在此階段，當事人不但知道這問題的存在，而且對正反兩面有相當之認識和興趣，當事人至少願意花時間去了解它。

㈢Internalization stage——内心認同階段。在此階段，當事人對此問題是瞭如指掌，該訴求已成爲自己的訴求，訴求的立論、涵義完全合乎自己的價值觀和利益，這已不再是別人的訴求，已成爲自己的事。這階段之强烈程度最高，成員達到此階段時該團體力量也隨著增强增高。進一步論，按訴求人之心態和其强烈程度，大致我們可以由下面行爲來測量：生命最重要，假如有人願意爲訴求而死，强烈程度達到最高境界。是爲了抗議越戰，一些越南和尚自焚；爲了抗議西方國家對以色列之支持，一些阿拉伯恐怖集團劫機殺人；印度偉人甘地的絕食就是冒著生命危險來表達强烈之心態。其次是假如你願意以你的自由來表達你的心態。如美國民權領袖金恩 （Martin L. King） 冒著坐牢的危險抗議美國種族歧視的法律 （結果他是被送進獄中，最後被人槍殺）。最近美國爲墮胎問題，反墮胎和支持墮胎的人士很多均被判罪入獄。又假如你願意花錢、花時間 （有人説在今日的社會中，時間就是錢的觀念），這也表示你强烈的心態。

總之，民意在訴求時按上述三項，人數、具有影響力的人物，以及心態之强烈程度而來決定訴求之質和量。有一點我們必須認清的，雖然學者已找出民意之要素，但如何配方、多少人數、多少大老、强烈的心態到何種程度才能打開政府之關口，就無法明確的答覆了。

第三節　影響到民意的幾項因素

　　上文談到民意與政治文化有密切的關係，政治文化是較深較基本的
觀念，民意則是對政策之意見。在人看事時往往無法棄去他的價值觀，
換句話說，基本價值觀會影響到一個人的看法和想法，這一節就是要討
論影響到民意的幾項要素：

　　一、社會階級：民主雖不重階級，但在民主經濟體制下，因收入的
多少而有階級的產生（雖然有人以職業爲決定階級之指標，但職業又是
決定收入之要件）。階級因生活方式、程度的不同，對問題的看法也有
所偏差。例如在美國有一種看法，富人可以免稅，窮人不需繳稅，中產
階級交最多的稅，所以這三種社會階級的人就對稅率各有意見。

　　二、年齡：意見原則上是不因年齡而分的，很少民意是屬於一定年
齡的，但代溝是存在的，而產生代溝的主要原因則是年齡。一般來說，
年輕的人較自由、開放，年老的較保守而不願改變，這祇是原則性的，
當某特定訴求出現時，年齡不是決定當事人之意願和心態的重要因素。

　　三、性別：除非是涉及到女權問題，女性一般來說對政策性問題較
淡漠，可能由於家事等問題無暇顧及外界之事。近年來，在女權高漲之
下，女性外出工作的比率日漸增高，自然對政策性的問題因利害關係，
興趣也增高了。

　　四、種族：在種族單純的國家，種族不是決定觀念的因素，但在種
族雜處的國家，種族也是決定觀點的要素之一。例如美國是種族繁多的
移民國家，除了極少數的原住民（印第安人），絕大部分均是由世界各
地各種族移去的。種族一方面有排他性，一方面因歧視而有訴求（黑人
由於歷史因素最爲活躍）。在不久前由於美國之韓國人和黑人在紐約爲
了爭商業地區而造成爭端，結果美國黑人和韓國人紛紛利用大衆傳播叫

出他們不平的心聲，所以種族在情緒上就自然的有分爲「我們」和「他們」的趨勢，再加上利益之衝突更會造出不同的民意。

第四節 民意測驗

到此我們討論了民意的定義，影響民意的一些文化因素，如何測量民意所造出的力量（壓力），這些均是抽象觀念性的問題，這一節要談使抽象變爲實際（數字）的民意調查。民意調查乃是利用抽樣方式來測出一特定人羣對問題的看法和想法，亦即測出他們的意見。抽樣乃是基於經濟考慮的因素，如果經濟許可，人力也許可，理論上不必用抽樣，整個羣體可作爲測量之對象。例如要測出小學老師對體罰學生的看法，不需抽樣，所有小學老師均要回答問卷，當然那是百分之百之精準，但花費則大。整個羣體人數不是那麼大，當然可以如此做，假如整體人數過多（例如要測出所有臺灣男人對雛妓的看法），那就不容易了，非用抽樣不可。這也是不得已的研究方法，是測出具有代表性的少數，推出一羣體人的意見。抽樣人數的多寡和整羣體人數的比例也影響到推測之準度。

民意調查之方法很多，下面是幾項通用的方法：

一、訪問 （Interview）

即先挑選出對象，可作面對面之問答，或電話訪問。這是最直接的方法，如果問題設計得好，而訪問者有好的訓練和好的技巧，則效果一定好。其缺點是花費太昂貴，既花時間，又花錢。

二、問卷 （Questionary）

讓調查對象回答印好的問題。一般來說，用郵寄最省錢省事，其缺

點是問卷問題非常難設計，如果問一些引導性問題，那民意調查結果就有偏差；另一問卷方式之缺點是回覆率不會太高，進而影響到準確程度。

　　抽樣方式做研究愈來愈流行，方法也愈來愈周詳，但有些問題應該討論一下。首先我們會問，究竟在目前抽樣調查的方式下其精確性如何？測驗之方式是否可能有瑕疵？同時我們也要問，即使精確性很高，是否反映了真正的民意呢？因為人在回答時是講出心中所想的，心中所想的也不一定是他們將來會做的。最後我們該問的是即使民意測驗結果是真正反映了民意，政府究竟該不該照著去做？民意是否永遠是對的呢？民意是本著人們的欲望，是情緒化的，忽左忽右，忽支持，忽反對，因此不一定是對的。所以我們也應討論下一問題：民意如何和專家學者意見結合❸？如果民意像洪水般隨情緒流動，專家學者則像築渠道的水利師，可將洪水導之於渠中。所以說讓民意牽著鼻子走的政府，不但害自己，也害到整個社會。

第五節　民意與公共政策之關係

　　民主政治政策的制定應以民意為基礎，理論上的論點為人民自己最了解自己的需求，然而由於階級、年齡、性別、種族、利益的不同而有不同訴求（利益互相衝突），再加上民意是情緒化的，是易變不穩的，在這種情形下，決策者應如何抉擇呢？舉美國目前最熱門、爭議最烈的墮胎是否合法這問題，反對墮胎的稱自己為維護生命（Pro-life），而贊成墮胎合法的稱自己為維護選擇（Pro-choice），兩派人馬在全美到處示威遊行，甚至殺人放火（殺了好幾位從事墮胎的醫生也放火燒掉幾所

❸民意與政策制定一直是研究政治學學者和決策者重視和困擾的問題，關於此問題見葛永光教授所著政治變遷與發展一書，幼獅文化事業公司，1989。

醫院和診所)，兩派均有强烈的理念、衆多的羣衆，以及重要人士之支持，可算是勢均力敵，決策者又怎能擺平呢？所幸不是每一件問題均是如此兩極，均是如此無協調的餘地，否則決策者會束手無策。

　　一般學者認爲民意有權訴求，何必借重專家的意見呢！正如同民意似洪水，像亂流，是無法抵擋的，但洪水是可以導進渠道的，專家算是造渠輸導民意洪流之人，如此民意可和專家結合，水是流了，但流的速度、方向不致傷害到社會大衆。所以民主政治的決策者一方面要察覺到人民之訴求需要，另一方面要借重專家的意見，這當然需要高度的政治智慧。在美國國會立法時，國會會找到專家學者參與公聽會提出意見、證明，如此民意與專家意見方能兼顧。

重要問題

一、按民意之定義討論其與政治文化和個人意見之異同。

二、如何測量民意之質和量？

三、民意調查之方法和其優缺點。

四、討論民意和公共政策之關係。

參考書目

Abramson, Paul R., *Political Attitudes in America: Formation and Change*, San Francisco: W. H. Freeman & Co., 1983.

Asher, Herbert, *Public Opinion Polling*, Washington, D.C.: CQ Press, 1987.

Backstrom, Charles H., and Gerald D. Hursh, *Survey Research*, Evanston, Ill.: Northwestern University Press, 1963.

Bogart, Leo, *Silent Politics: Polls and the Awareness of Public Opinion*, New York: Wiley Interscience, 1972.

Daltons, Russell J., *Citizen Politics in Western Democracies: Public Opinion and Political Parties in the United States, Great Britain, West Germany and France*, Chatham, NJ: Chatham House, 1988.

Key, V. O., Jf., *Public Opinion in American Democracy*, New York: Alfred A. Knopf, 1961.

Holloway, Harry, and John George, *Public Opinion: Coalitions: Elites and Masses*, New York: St. Martin's Press, 1982.

Nieburg, Harold L., *Public Opinion: Tracking and Targeting*, New

York: Praeger, 1984.

Roll, Charles W., Jr., and Bert H. Cantril, *Polls: Their Use and Misuse in Politics*, New York: Basic Books, 1973.

Simon, Rita James, *Public Opinion in America*, 1936—1970, Chicago: Markham, 1974.

Worcester, Robert M., ed., *Political Opinion Polling; An International Review*, New York: St. Martin's, Press, 1983.

第十章　政治文化與政治社會化

學習目標

何謂政治文化（Political Culture）？
政治文化之內涵（Elements of Political Culture）
何謂政治社會化（Political Socialization）？
政治社會化之媒體（Socializers）
政治社會化之影響——政治行為

前 言

在一九五○年代前，美國和西方政治學學者將精力放在政治制度與功能上，將研究主題放在憲法上和政府組織上，直到一九五○年代心理學研究漸漸有了突破，在研究方法上接受新的科學方法，頗有研究成果，漸漸的屬於心理方面的文化和社會化，成為社會學以及政治學熱門主題。

在研究政治文化與政治社會化時，我們可以提出下述一連串的問題來追根問底：誰學到了些什麼？跟誰去學，其結果又是如何？（Who learns what from whom with what effect?）

誰在這兒是每個人，什麼是指政治文化，跟誰去學的誰則是社會化媒體，結果則是政治觀念下的行為。這一章就是討論這些問題。

第一節　概說：何謂政治文化（Political Culture）？

孫子兵法中提到控制人的技術是「攻心為上，攻城次之」，西方現代也有類似的看法，他們將政治——權力的運用形容成爭取人心的過程（Battle of mind），其意義乃根據人類是理性的，人類之行為是本著他們的思想，要控制或影響到人類行為，當然也得先影響到他們的想法。人類之思想受到文化的薰陶。什麼是文化？什麼是政治文化呢？文化的定義像其他名詞一樣非常多，筆者認為文化乃是人的生活方式（way of life），生活包羅萬象，衣（穿的文化）、食（吃的文化）、住、行、育、樂均是文化的一部分，而人對政治的價值觀、信仰和情感則為政治文化（Political culture），亦稱之為政治之取向（Orientation）。

在一九五○年代之前，美國和其他西方國家政治學學者將精力放在

政治制度和憲法上，研究政府之組織與其功能。到一九五〇年由於心理學的流行，且其研究方法有了突破，一些科學研究方法，例如實驗、觀察、抽樣等均成爲其研究方法，學者不但重視行爲，也重視影響行爲之心理，因此漸漸地政治文化、政治社會化也成爲政治學者研究之對象與主題。

第二節　政治文化之要素和內涵

每個國家按其憲法之哲理與精神、歷史背景、文化的特性，及環境的狀況，而有特殊之政治文化。要比較國與國不同之政治文化，就要找出他們之間的差異，下面是形成差異之要素：

一、國民對國家之認同（National Identification）

通常我們用「愛國」兩字來形容國民對國家認同、對國家的感情及究竟願意對它作何種犧牲，是政治文化的重要一環。不是每個國民均有同等的愛國心，也不是每個國家的國民具有同程度的國家認同感。根據研究的結果，國家認同之程度與政治穩定和政府之效能有密切的關係。

至於如何量出國民的國家認同程度，最好的方法是直接問他們有關國家認同的問題。例如問：你愛國嗎？你願意爲國犧牲嗎？當然也可用觀察的方法看看國民對國家之象徵物之認同，例如在電影開場前唱國歌時有多少人立正開口唱，在國家國定紀念日時有多少家在門口掛上國旗。用這種間接方法也可測出國家的認同。

在阿蒙（Almond）和沃巴（Verba）公民文化一書中他們就是用上述研究方法來比較美國、英國、西德、義大利和墨西哥五國之政治文化，按他們的研究，美國、英國之國家認同很強，西德人懷念未分裂的

德國，而義、墨兩國之國家認同則較弱❶。

　　中國人由於歷史長，文化久，排外性強，所以對中華民族認同很強，但由於內戰，國家分裂後，國家認同則有了分歧，尤其在臺灣的中華民國，更由於政黨互爭選民支持時而有統一與獨立之爭，更對國家認同造成困擾。

二、國民對政治系統的信心與支持（Orientation toward Political System）

　　另一重要點，國民對政治之「趨向」取向是對政治系統的信任與支持。政治系統包含㈠政治制度，㈡政體的決策者（領袖人物），㈢政治系統的輸出（公共政策與法律等），亦即國民是否滿意政府制度。美國人對其政治制度的滿意程度很高❷，我國雖未作這一方面的研究，由於修憲訴求之高漲，很明顯説明國人對憲法、對政治制度的強烈不滿❸。而美國人對其政治領袖則採比較不信任的態度，在一次研究中，密西根大學政治系學生要查出美國人對各種職業的信任程度，結果是政治人物名列第十九，販賣舊車買賣者（Used car dealer）是第二十❹。由這研究，充分説明美國人對政治領袖之不信任，難怪每當有重大決策改變時，總統得上電視向全國人解釋其立場。政策和法律是政府施政的成績，人民滿意政府之公共政策和法律，表示政府做得好，人民對政府信任和支持也高，相反的，假如人民怨聲載道，一定是不滿意政府之成績，輕則反對，重則抗爭。

---

❶Gabriel A. Almond and Sidney Verba, *The Civic Culture*, Princeton, NJ: Princeton University Press, 1963.
❷Almond and Verba.
❸主張總統直選的比例愈來愈高。
❹政治人物不被美國人信任已是公開的事實，電視、電臺之主持人常常拿政治人物為講笑話的對象。

三、國民對同胞的信任（Orientation toward Others）

朋友有信是我國傳統儒家文化強調的倫理之一，將這句話再擴大就是對其他人的信賴程度，路不拾遺、夜不閉戶均是信任他人的說明，這種政治趨向在現在民主政治下非常重要。因為民主政治是代議政治，人民要選出代表來下決策，政府之權力直接影響到每個人之幸福，如果沒有高度信任，人民怎能將權交予政治領袖而放得下心呢！因此對同胞的信任在民主政體下非常重要。

同樣的在阿蒙和沃巴的公民文化書中，作者的結論是美國人和英國人比較信賴別人（最近情形已江河日下），義大利和墨西哥人信任別人的程度最低，在義大利有句俗語，「信任不出自家門」（Trust does not go beyond the family），墨西哥人也是如此。我國自古就強調朋友要有信，就是教導我們要相信他人，取信於人，但由於時代的改變，文化也在變，太信賴人會吃虧，難怪今天的父母教小孩時，「不要跟生人說話」，「不可隨意相信別人」，「信任」已是社會上關切的問題。

四、國民對幸福之取向（Orientation toward Happiness）

政治是管理眾人之事，是管理眾人幸福之事。「幸福」兩字受一國文化的影響甚大，且具有一定之內涵和特色，因此國民對政府之訴求性質和政治文化相關。由另一角度來看，政府要繼續獲得人民之信賴與支持，政府即應了解人民對幸福追求的訴求和取向去努力。

討論了政治文化的要素，現以美國為例，試看美國政治文化的內涵是什麼？美國人重民主，強調資本主義經濟政策，同時美國人崇尚法治，現略述如下：

㈠民主意識型態下，美國人極度的追尋個人主義思想，美國人也重

視平等觀念。

㈡資本主義理念下，美國人重視自由競爭，也對物質看得很重。

㈢在憲法三權分立下，重視衝突觀念，認爲衝突是進步的淵源，有了衝突也重視協調。

㈣由於強調個人權益，重視物質權益，如果和他人有了紛爭，最可以信賴的是公平公正的第三者以法律作爲人們行爲之規範，所以法治觀念，和運用司法作爲解決紛爭之意願很強，美國常用的口頭禪「法院見」（See you in court），或「我會告你」（I am going to sue you），這均說明政治文化中重要的一環是視人與人的關係爲法律關係❺，而忽略中國人重視的人際關係。

第三節　政治文化之分類

原則上我們以國家爲單位來研究政治文化，英國政治文化是如何？美國政治文化又是如何？但我們必須認清不是在同一社會中每個人均具有同樣的價值觀，可細分爲主流和支流（Subculture），更可以分菁英文化（Elite culture）和羣衆文化（Mass culture）。

現略爲介紹如下：

一、主流文化（Mainstream）

在社會中絕大多數人享有之生活方式。這種價值觀也反映在政治生活中，尤其在多種族的國家中，主支流之分歧會很明顯。在中國之漢人文化爲主流，在美國的白種人是主流。

---

❺參閱 Walter K. Olson, *The Litigation Explosion*, Dutton, 1992.

二、支流文化（Subculture）

當一社會中一羣人因宗教、地區，或種族而顯出與主流不同生活方式時，就被稱爲支流文化。在美國最明顯的例子是黑人少數民族，他們和多數白人一比，既窮，教育程度又差，因此在政治上的訴求和政治上的價值觀念和白人也有差異（黑人支持民主黨的較多），在加拿大也有法語系的特區 Quebec，因文化特殊而一再要求獨立，中國之西藏也是一佳例，當然很多國家均是如此。

除了因生活方式可以分爲主流和支流文化，因教育程度之互異又可分爲菁英（Elite）文化和大衆文化（Mass culture），何謂菁英呢？乃是在社會上享領導地位的人士，一般來說，高收入，教育程度也高，被認爲高尚的職業（律師、醫生、法官、大學教授等等），是有影響力號召力的人，因爲他們在社會上居領導地位，所以他們看問題和一般人不一樣。社會上一般大衆，教育平平，收入也差，他們無影響力，因此又有一種想法和看法。據一些學者研究的結果，菁英對政治較有興趣，因此比較願意參與政事，一般大衆既無時間，又無專業知識，往往有無力感，所以對政事較冷漠，參與情形較差❻。

第四節 政治社會化（Political Socialization）

中國有句俗語：「有其父必有其子」，也即虎父無犬子之說，有人以爲父母親的性格、觀念會自然的透過生理遺傳傳給下一代，這種理論已受到強烈的攻擊。絕大多數的學者所採信的理論，是下一代之所以會受到上一代之影響乃是透過社會化（Socialization）的功能，透過教養，

---

❻參閱 Roskin, Cord, ed., *Political Science*, Prentice-Hall, 1991, pp. 138–140.

下一代學習到（有時是強迫手段）上一代之性格與觀念。政治文化和其他文化層次一樣是要教，是要學的。

何謂社會化呢？乃是個人學習去接受或拒絕某種價值觀念之過程(a learning process through which individual accept or reject values)。我國一句老話：「活到老，學到老」，最能說明此現象，也曾有人用醬缸和泡菜來形容，雖不太雅，但頗適合。個人生活在社會中受到社會化的不斷教化而養成某種個性和看法,如同蔬菜在醬缸中一樣而變成醬菜。按這種學習理論，人的一生就是學習的過程。

按一般理論（社會學為主），在個人學習的一生過程中有下述重要的社會化媒體（Socializers 或 Socialization agents）：(1)家庭，(2)學校，(3)友朋（Peer groups），(4)大眾傳播，(5)政府，(6)宗教。而這些媒介提供個人資訊、價值觀念、生活技巧、政治遊戲規則，因為這些媒體與個人均有特殊關係，在有形無形中就會影響到個人之觀念。

由於關係性質之不同，各媒體影響個人觀念層面也不一，現分述如下：

一、家庭（Family）

家庭在儒家社會的中國尤其重要，我們常常形容一個人好或壞就以有沒有「家教」為詞，在其他社會也是如此。家庭之所以扮演重要角色，乃是因家庭是社會化的第一個媒體，學理上認為人之初是既無觀念，亦無好壞善惡之辨別能力，如同一張白紙，家庭（家教）是第一個在小心靈上染上顏色的媒介。尤其在幼年時期，家庭是唯一的影響體，幾乎控制小孩全部的生活（1～4歲），更加上家庭性質特殊，既有親情（養育之恩），又有權威（用「管」這字最佳），在這種軟硬互用下，當然會影響到小孩的思想。

其實家庭對小孩的影響並不一定是有心的，例如要小孩聽話，就會

影響到他們接受權威,可能是學校(遵守校規),也可能是政府(守法),教他們誠實、教他們服務的觀念等等均會影響到他們以後的生活,尤其在一社會由威權式變爲民主時,新的觀念、個人之重視、平等觀念均要在家庭中先養成。

按學者之研究❼,在美國個人的政黨認同,與政治參與程度及其父母的趨向有密切關係。根據這種研究結果,我們可看出在政治社會化中有形無形的,父母的政治趨向會影響到他們的下一代。

近年來由於快速的社會變遷,我國家庭中夫婦離婚率日漸升高,有趕上英美之勢,破碎的家庭實足以影響到下一代的心態,希望國內學者和社會人士找出途徑使家庭成爲「養」、「教」個人的重要園地。

二、學校(Schooling)

學校是接受正式教育之場所,教育的功能以前是傳道、授業、解惑,在我國儒家教育理論下,德、智、體、羣均是教育之方針,學校教育之所以重要,是因爲它是最普及的、最有組織的,尤其現代教育程度日漸上昇,由六年到九年而改爲十二年普及教育。在學校除了學習其他知識外,對國家之認同、政府之組織功能、政治理念等均會教到。

在現代普及教育原則下,當幼童進入學校後,第一感受是所有家庭之特殊地位已不存在,並發現自己祇是羣體中的一分子而已,而且要像其他人一樣得遵守統一的校規,這種訓練使未來社會的成員養成社會順從的習慣,這也是準備學生將來進入社會能養成適應環境的好公民。尤其當一些新興國家政治由專制制度改爲較民主制度時,學校教育首先得提倡民主觀念與素養,有了民主觀念的學生自然會變爲具有民主修養的

---

❼參閱 Angus Campbell et al., *The American Voters*, New York: John Wiley, 1960. 同時參閱同作者在 *Public Opinion Quarterly*(25 期)發表的 "Party Identification in Norway and the United States", 1961.

公民。

　　據阿蒙和沃巴的研究，至少學校教育程度與個人政治參與有密切關係❽。在不斷研究下，將來一定可找出更多學校教育與政治文化之間的關係。

三、友朋 (Peer Groups)

　　亦即同齡之團體，這是指在小孩長大的過程中，會加入各種正式或非正式的團體，小孩在長大過程中花了許多精力（還是時間？）在交朋友社交上，其結果是很多價值觀念，重義氣、有信等在無形中互相受到影響。尤其由於現代家庭的變化，父母均爲了職業而忙碌，爲了生活而奔走，和子女相處的時間減少，友朋有取代家庭過去的地位。

　　友朋之間的關係和家庭親子關係不一樣，後者本於權威，前者本於志趣（所謂志同道合，臭氣相投），朋友處於平等地位，要能在友朋中獲得尊敬就要培養合羣領導之技能，加入友朋最大的原因乃是友朋會給予個人一種歸屬感和安全感，由此關係，友朋也會給個人一種壓迫感，在壓迫感下成員養成順從合羣的習慣（Peer pressure）。

　　過去我國傳統社會過分重視家庭，朋友雖重要，對友朋的交往不太鼓勵，往往把結黨視作壞事，我國俗語形容友朋否定的詞句甚多，例如狐羣狗黨，酒肉朋友，尤其講到犯罪人犯罪理由時，更以交友不慎來警告大衆。對成功者的歌頌均歸於家教而不提朋友，這是有失偏差的看法。

　　法國一位名哲學家，脫克菲爾（Tocqueville）在其美國民主巨著中，他說美國人最了解集會結社之藝術，因爲民主重個人主義，重平等觀念，個人在政治領域中力量甚微，一人一票，祇是一票而已，因此要有政治力量就得組織起來，友朋之經驗正是訓練民主觀念和民主政治運用的規

------

❽Almond and Verba.

則，筆者預期，社會愈民主，將來朋友的地位愈見重要，學界應對友朋
這角色多加研究與探討。

四、大眾傳播（Mass Media）

雖然家庭、學校、友朋對個人的社會化非常重要，但最有效的媒體
則是大眾傳播，它是較新的媒介，其影響力有後來居上之勢，尤其大眾
傳播花樣繁新，其地位日形重要。

大眾傳播可分爲二大類：(1)傳統式──以印刷之文字爲傳播工具，
舉如報章雜誌、書籍。(2)現代電訊新的方式──廣播、電視、錄影帶。
大眾傳播和其他媒介不同之處是它不需要親身接觸，是借其他工具傳遞
資訊。由於具重要性，很多從事大眾傳播者，例如記者、編輯、電臺播
音員、電視節目主持人，尤其是新聞主播，甚至被訪問之學者、官員，
均很容易成爲大眾敬佩之偶像，尤其在重娛樂的美國，大眾傳播人物均
是家喻戶曉之人物，他們的觀點、看法、分析均會直接影響到成千上萬
的觀眾。在日新月異的改進下，大眾傳播影響力量愈來愈大，尤其是年
輕人更是把他們當做榜樣。

最近在美國由於校園暴力日漸增加，學生用槍械或刀傷人殺人事件
層出不窮，一些學者則認爲最重要的原因乃是太多暴力的電視節目，甚
至卡通的節目也往往是以暴力來解決爭端，因此他們認爲小孩看多了暴
力節目，也學會了以暴力爲手段。由上例可看出，大眾傳播對人有正面
也有負面的影響，正因爲大眾傳播影響力的廣泛，既無強迫性，娛樂性
又很高，如果不仔細研究其性質，將對社會大眾造成損害，因此學者、
政府除了要研究出好的立法來提供好的節目外，大眾傳播者之自律也是
很重要的。

五、政府（行政機構）（Executive Branch）

人們對政府的觀念按各國憲法之哲理與文化而決定，例如在西方民主先進的國家，尤其是美國，人民對政府是採不信任的態度，總認為政府是壓制人民自由的，是站在與人民對立的地位，因此政府很少特意的輔導人民政治觀念，因為政府如此去做更會引起反感。所以最好是做他們應該去做的工作——服務，而讓家庭、學校去影響人們的政治觀念。

但在新興的國家，尤其是由專制政治體制改為民主體制時，其他媒介包括家庭、學校等均沒有養成必備之民主素養，因此就得依賴行政單位去教化人民（身教），因為在行政單位往往是人民接觸最頻繁的政府機構，申請戶口名簿、繳稅、繳罰單等等，政府透過如此的接觸和服務去灌輸一些新的政治觀念和作法（運動），例如政府積極提倡節約，提倡反貪污而拒絕收禮，更積極的強調效率、守法，不講人情關說，久而久之，人民會養成新的政治民主文化。

六、宗教（Religion）

宗教雖然是人們追求精神安全的方法，與政治本無直接關係，然而宗教均是教人向善，是淨化人心的最佳工具，尤其當教會、信徒的其他組織提倡某些活動時，例如反毒、反雛妓、反暴力等，在這種運動的背後有著正義的聲音，自然的人們會多用愛心來待人，多用誠意來處事，這也是培養人們觀念的媒介。近年來佛教在我國漸漸有入世的趨向，尤其佛教中的法師參與社會、倫理、文化建設所作的努力是不可忽視的，有價值去研究他們對文化所作的影響。

研究政治文化和政治社會化的學者均同意，信仰控制行為，亦即人的思想決定人之行為，要預期人做或不做某些行為（為或不為）就得先培養人的正確觀念、理念和思想。今天我國決定民主改革，不祇是開放

選舉就算數的，一定要透過各種社會化媒體：家庭、學校、友朋、政府、大眾傳播等提供民主之知識內涵，使人養成了民主之素養，如此則在推行民主政治時可事半功倍。今天在民主化的追求中，凸顯了許多奇怪的現象，舉如賄選、暴力、不認輸等非民主的現象，這均是社會化有了偏差。當然文化的變遷是緩慢的、是漸進的，假以時日，社會各層面均向這方向去努力，民主會走上常規的。

重要問題

一、何爲政治文化？討論政治文化之內涵。

二、政治文化中重要內涵之一是對幸福的看法，你個人對幸福的觀點如何？在現有政治環境中，你認爲那些是你在追求幸福生活的重要障礙？

三、何謂主流文化和支流文化？

四、何謂政治社會化？你認爲那些社會化媒體在我國的社會中對個人觀念影響最深？

參考書目

Abramson, Paul R., *Political Attitudes in America: Formation and Change*, San Francisco: Freeman, 1983.

Devine, Donald J., *The Political Culture of the United States*, Boston: Little Brown, 1972.

Greenstein, Fred I., "Personality and Politics," in Fred I. Greenstein, and Nelson W. Polsby, eds., *Handbook of Political Science*, Vol. 2, pp. 1-92, 1975.

Huntington, Samuel P., *American Politics: The Promise of Disharmony*, Cambridge, MA: Belknap, 1981.

Lane, Roliert, *Political Ideology: When the Common Man Believes What He Does*, New York: Free Press, 1962.

Langton, Kenneth P., *Political Socialization*, New York: Oxford University Press, 1969.

McClosky, Herbert, and John Zaller, *The American Ethos: Political Attitudes toward Capitalism and Democracy*, Cambridge: Harvard University Press, 1984.

Pye, Lucian W. and Sidney Verba, eds., *Political Culture and Political Development*, NJ: Princeton University Press, 1965.

Toquesille, Alexis De, *Democracy in America*, 2 Vols., New York: Knopf, 1946.

Verba, Sidney, and Gary R. Orren, *Equality in America: The View from the Top*, Cambridge, MA: Harvard University Press, 1985.

第十一章　利益團體
（Interest Groups）

學習目標

何謂利益團體？其在民主政體中扮演之角色

利益團體和政黨之區別

利益團體又稱為壓力團體，其決定壓力程度之要素

利益團體所用的武器與手段

前　言

　　在注重整體社會利益之傳統社會，它是厭惡朋黨的存在和太強調個人私利的，因此利益團體活動空間非常有限。然而在現代重個人、重民主的潮流下，即使是一些共產國家也漸漸容許利益團體的存在，在開放式的民主國家中，利益團體更成爲政治遊戲中的主要角色。

　　我國近幾十年來製造了經濟奇蹟，政治也在不斷的革新導向成熟民主，個人尊嚴、個人利益漸漸被社會接受和重視，自然的利益團體如雨後春筍般出現，利益團體訴求的各種活動，如遊行、抗議、靜坐、拉布條發傳單成爲日常之生活之一部分，問題是有時爲了抗議而走在法律邊緣。究竟什麼是合法訴求？什麼是非法？均含糊不清，這一章對利益團體的定義，其訴求之方式，以及其在民主政治中扮演之角色均有所介紹。

第一節　概說：利益團體（Interest Groups）

　　一羣美國家庭主婦抗議肉價過高而發起拒買運動，她們組織起來，聚集在超級市場門口拉起了布條，舉起了牌子，告訴市民肉商的不公道，並要大家拒買；暑假一過，一批中、小學老師爲了要加薪和合理授課時間而發起罷課，害得有小孩的家庭不知如何安頓無校可上的小孩；另一羣貨車之駕駛，認爲車速受限制，耗油太多，而增加了他們運貨之成本，將貨車擺在高速路上排長龍，使整個交通癱瘓；農民因農產品價格太低而罷耕；最令人吃驚的是底特律（犯罪最高之一的城市）的救火人員和警察爲了調薪而拒絕救火和巡邏。這些抗議活動在美國是習以爲常，更奇怪的是大家均同情抗議者認爲他們在利用他們的權利，很少人會批評或責罵訴求者，因爲美國政治文化認爲這些行爲是合理、合法、合情的。

難怪百年前法國哲學家脫克菲爾（Alexis DE）在其名著美國民主（*Democracy in America*）中曾指出，美國人最喜歡加入團體，並稱讚美國人爲最懂集會結社的藝術（Art of association）。美國人在「利益團體」的運用上可算是發揮到淋漓盡致之境界。在古希臘時代的柏拉圖（Plato）以及中古時代之霍布斯（Hobbes），在他們重羣體、不重個人利益之哲理下，反對謀取私利團體，視他們爲自私之害羣之馬。在我國古代重公益輕私利之儒家社會也不鼓勵朋黨。今天我國經濟快速之成長發展（一般的理論是商業愈發達的社會，利益團體愈多愈活躍，所謂物以類聚，物以利聚），政治愈是開放愈民主，利益團體更是愈組愈多。在臺灣也時常見到走上街頭抗議的活動，我國文化在重公益輕私利的價值觀下，這種新現象、新發展究竟是福是禍、是有益抑或有害於現代社會，值得進一步研究與深思。

一、何謂利益團體？

爲利益團體下定義的學者很多❶，一般來說，是指一羣有共同目標而互動的個體組織後對決策者施以壓力，以謀取對他們有利的公共政策之團體。利益團體和政黨固然不同，也異於一般團體。

二、利益團體的性質

㈠利益團體是一羣有共同目標的個人組織起來的團體，不是所有具有共同目的的羣體均是利益團體，例如，清晨一羣到公園運動、跳舞、打太極拳的羣體，雖然他們有共同目的，作輕鬆的組織（誰帶音響、誰訂制服、誰來教、誰來學等等），但他們不算是利益團體。

---

❶研究利益團體較早的學者如 David Truman 在 *The Governmental Process* 一書中，Arthur Bentley 在其 *The Process of Government*, 1908 年均對利益團體下了定義。

㈡利益團體是組織層次高的團體，上面說到，有些團體有較鬆的組織，如果是利益團體則組織一定較嚴密，因爲他們要策劃訴求的方法、找經費、擴充利益團體之成員、做宣傳使社會大衆支持他們，遊說立法者、行政決策者，有太多工作要做，沒有較佳的組織，無法發揮該團體的力量。

㈢利益團體是對決策者有特定訴求的團體，不是每個團體都對社會、對政府有訴求的，例如一羣棋友組織棋社，雖是團體，但非利益團體，因爲它沒有特定的訴求。如果中國象棋協會爲發揚中國文化，要求教育當局將象棋列入中、小學課程，那麼中國象棋協會就成了利益團體，因爲它對政府有特定的訴求。利益團體的目的是希望決策者做出對他們有利的政策，如上例，教育當局認爲其訴求有理，經費許可，將象棋列入中、小學課程，中國象棋協會之會員就可被聘爲象棋教練，又可拿鐘點費，因學習的人數增多，會員亦隨之增加。

三、利益團體和政黨的區別❷

談了利益團體之性質，我們應該討論其和政黨之異同。表面上看來，利益團體和政黨相似的地方很多，政黨也是一羣人有共同目標、有組織、有特定訴求的團體，所以說政黨是利益團體中的特例。我們可以從目的、和成員之不同來區分它們。

㈠兩者目的不同

利益團體的目的是透過遊說或壓力使政府做出對它有利的政策，政黨的目的是贏得選舉，獲得決策權而主政，這在層次上是截然不同的。雖然利益團體在選舉期間會投注在某一政黨身上，但利益團體之支持不是選舉成功的必要條件，利益團體對政黨之支持，是希望得權得勢的政

---

❷參閱 Roskin 書中有關此問題的看法，Roskin ed., 1991, pp. 193-194。

黨將來回饋而制定對他們有利的政策，例如在一九八八年美國大選，環保性質的利益團體就全力支持民主黨。

(二)兩者之成員不同

利益團體之成員較單純，大致上來說，利益團體的目標很明確、具體而且範圍較狹，環保利益團體關心環保；支持或反對墮胎的團體關心的是墮胎；女權運動的團體重視女性之權益；少數民族的團體爭取他們自我的權益；甚至律師公會、醫師公會，以及其他職業團體均是如此，而政黨則非如此。尤其在競爭的政治體制下，一切以選舉來決定權力的歸屬，爲了選舉之勝利，要的是選票，所以加入的人愈多，成員層面愈廣，其背景也愈複雜，尤其看上面例子，專業之利益團體或商業性的利益團體，成員有共同目標之外，他們的背景、職業，甚至生活方式也是相似的，而政黨則不然。

(三)兩者之數目不同

利益團體之數目是無限的，政黨之數目按各黨制的不同而有一定。在多黨制的國家，政黨之數目較多（即使多黨制的國家，政黨在自我限制下也是有限的，如果政黨人數實在太少，起不了作用，無存在價值，就會淘汰掉），兩黨制的國家，祇有兩大黨，小黨雖可存在，但數目一定不會太多，當然一黨制或一黨獨大制更是數目有限。但利益團體理論上是無限的（在真正民主政體下），祇要有了問題，有了訴求，就可能產生出新的利益團體。

第二節　利益團體在民主社會之重要性和其類別

傳統社會政治結構較單純，尤其在專制獨裁的政體下，統治者一人決定資源之分配，由他一人決定，一切決策都本著他個人的喜惡，社會大眾除了接受，是無權要求自己想要些什麼，利益團體無存在的可能和

必要。但在民主政體下，社會是多元的，利益之追求和定位不是統治者一人可以決定的。多元社會重視個人意見，容忍不同意見、不同訴求，沒有所謂絕對對或永遠對的價值觀，在這種環境下，不同訴求是很自然、很合理的。民主政治重個人、重平等，事實上一人之力是微不足道的，集合目的相同的人，組織起來，團結就產生力量，始有利益團體之產生。所以說利益團體是民主政治自然、必然之產物，透過利益團體，決策者了解什麼是某些人所追求的，利益團體爲政府作利益之定位，然後政府可作利益之分配，所以利益團體實是人民和政府之間最好的橋樑。

在傳統社會裡，既得利益的特權階級常和政治權力結合，社會資源永遠讓那些有權有勢的人享有，富人永遠富，窮人一直窮。除了權勢與既得者掛鉤外，另一原因乃是窮人無管道向決策者訴求（統治者不讓，也可能不知下位之疾苦）。中國古代曾有一故事，有一次皇帝聽大臣說某地人民無米飯吃，他則說，吃肉好了。很明顯人民沒有直接訴求之管道。在民主政治中，遊戲規則變了，所有人（原則上），均可加入利益團體（集會結社的權利），窮的、富的、老的、少的、男的、女的，祇要懂得集會結社之藝術，均可組織起來提出訴求，如此，不同人羣、不同階級、不同職業、不同背景的人均可受惠於不同之公共政策，其結果受惠的一定比過去傳統社會爲多，也更公平。利益團體幫助政府做了利益表明、利益輸入之功能。

理論上，任何具有共同目標的人均可組織利益團體，所以各行各業均可，利益團體之類別一定很多。爲了研究之方便，最合理的分類是按其性質（目的）來分，例如，(1)農業性質之利益團體，在美國有美國農民局（American Farm Bureau Federation），在我國有各地之農會。(2)勞工性質之利益團體，美國有 AFL-CIO，我國也有工會來保障工人的權益。(3)商業性的利益團體，屬於此類的數目最多，例如在美國有名的有 National Association of Manufacturers, Association for Small

Business，以及在我國也有各行各業的同業商會。⑷專業性的利益團體，在美國醫師們加入的 American Medical Association， 律師加入的 American Bar Association， 均是勢力很大的利益團體。

第三節　利益團體對政府壓力衡量考慮的因素

在民主政體遊戲規則下， 利益團體是合法的集團， 他們可明正言順的對決策機構施以壓力， 以達到其訴求目的。表面上看來這遊戲很公平，各利益團體均有機會， 均無把握。人類社會避免不了政治， 就是因爲任何社會之資源是有一定限度的， 在有限的資源條件下， 勢必無法滿足每一利益團體的欲望和訴求。又利益團體之間的訴求是互相衝突的， 甲利益團體所訴求的可能正是乙利益團體所反對的， 美國目前最熱門的爭議是有關墮胎之合法性， 支持墮胎爲合憲的是 Pro-choice 利益團體， 反對墮胎爲合憲的則是 Pro-life， 兩派人馬整天到處抗衡（甚至造成流血事件）。另一例是要求政府提高防污標準的環保團體， 對上了要求政府降低標準的製造業者， 又保護林區的環保集團對上了木材業者， 這種實例是不勝枚舉。在這種強烈對抗下， 決策者將以何標準去選擇呢？有些問題不是單純的那方對、那方錯， 純粹是政策選擇問題。一般來說， 著重在那方的壓力較大， 因此利益團體又被稱爲壓力團體（Pressure groups）， 他們是對政府施壓力的， 那麼什麼是衡量壓力的標準呢？

一、利益團體之經濟資源， 這是中外、古今不變的道理。錢能通天，更能影響到政治人物， 金錢和政治掛鈎是髒事， 但在民主政治下， 政治人物需要資源來贏得選戰， 尤其在現代競選發展下， 花費愈來愈大， 競選費用何處來？不是每個候選人均是家財萬貫的富豪。所以利益團體就可運用其經濟資源來謀取其訴求目標, 金錢在政治中扮演非常重要角色。所以各國爲了避免一些利益團體做得過分， 就立法限制利益團體提供候

選人一定的金額。

二、成員之多寡，亦即利益團體的大小。有些利益團體成員人數超過好幾百萬人，有些利益團體小至數十人，在民主遊戲規則下，數目是力量，例如在美國最大的利益團體是美國退休人協會（American Association for Retired Persons），它有三千萬以上人數的會員❸，所以 AARP 是最有影響力的利益團體之一。

三、訴求之性質，雖然人數與資源確實是二重要條件，但有時訴求之性質也相當有左右決策者之影響力。的確，利益團體均是謀取自己團體成員之私利，由於訴求性質不同也產生不同程度的壓力，如果訴求合乎社會大眾的利益，合乎社會文化的價值觀，不但易得社會的同情與支持，成員們也認為他們之努力是合理的，因而氣勢壯盛，願作更大的犧牲（所謂的訴求意願強烈）。相反的，如果所訴求的是不合情也不合理，由於立場不堅定，那就難顯出強烈意願了，前者如老人年金之訴求，後者如妓女要求公立醫院免費對她們作健康檢查。

四、管道的選擇。利益團體即使在有人，有資源，且訴求正當的條件下，但如果找錯了管道，還是徒勞無功。什麼才是對的管道呢？即是決策單位願意聽你們的訴求，有權力對此訴求作決策。在這種情形下，利益團體要廣結善緣，要平時對相關單位建立良好關係，提供各種資訊給決策單位，理論上是決策者愈了解一問題，愈願意去解決它，所以建立好的管道是利益團體事半功倍的法門。

---

❸老人在美國受到政府合理的照顧，而兒童和婦女則仍然受到不合理的待遇。並非美國文化重老輕幼，而是老年人有經濟力量，有投票權，而兒童則沒有，所以政策之選擇往往受到政治力量的左右。

第四節　利益團體訴求的方式

　　上文提到利益團體如果想順利成功，要有錢、有人，要找對訴求和管道，最重要的是「臨門一腳」的訴求方式，因為訴求對象不同應運用不同之方式。

　　一、對立法機關訴求方式：立法機關之決策機構，決策之前一定要有足夠之資訊，對付決策單位最重要的也即是提供他們有利於自己之資料，因此採遊說（Lobbying）是最好的方式。大體來說，遊說的人希望達到三個目的：㈠能接觸到立法者。美國有句俗語：不見則忘（Ought of sight, ought of mind），所以利益團體要繼續不斷的設法和立法者接觸。㈡提供必要資訊。立法者在立法之前一定要收集資料，要找證人，要找專家提供證詞和專業知識，但立法者往往沒有足夠之人才去做這些必要工作，利益團體此時就可以提供服務，尤其在問題是互相對立情形時，雙方均有備而來，希望立法者能採信己方所提之資料，作出對自己有利的決策。㈢遊說者要隨時觀察立法者之動向。立法者在決定投他一票之前，門是開著的，利益團體就得繼續努力，不到投票時絕不放棄，所以遊說者是利益團體之耳和目，他們一定是能長袖善舞、能察言觀色、能言善辯的能手。根據一些遊說者經驗之談，遊說時愈能和立法者直接交談，談的時間愈長、愈多，效果也愈好。

　　如此看來遊說空間實在太大，利益團體影響立法者也太大，何種行為為合法？何種行為為違法？這都很難明確的規劃，尤其很多是擡面下作業，更是防不勝防，雖各國均立法加以限制，但效率不是那麼好，真可謂道高一尺魔高一丈的現象。

　　二、對行政機關之訴求：行政機關是執行機構，所以利益團體要用不同於立法遊說的方式。在美國，總統一人掌有行政權，總統日理萬機，

利益團體很難找到機會對總統遊説。因此利益團體的目標就轉移到執行的官僚單位,利益團體所能達到的是在執行時對己則手下留情——鬆些,對對方則應執法如山——嚴些。

立法機關因選舉而換人,行政機關則較穩,是常設機構,和利益團體關係較正常化,因此利益團體要能緊能鬆,要放長線,才可釣到大魚。

三、對司法機構訴求的方式:在三權分立國家,像美國,司法是獨立的,甚至一般民主國家也向司法獨立方向走。司法獨立下,就會授予司法審查權(Judicial Review)給司法機關,去判決究竟某些法律,或行政命令是否違憲,所以司法機關對人民以及利益團體之權益影響實在是太大了,為了爭取權益,利益團體一定要以司法機關為訴求對象。

因為司法和行政、立法性質不一樣,法官享有終生職業的保障,一般對立法者、行政官僚的手法就沒什麼作用,有時是違法的。法官審判時也是需要資訊的,在這方面利益團體可大做文章,向法院提供證據、專家之證詞,以及一切事實的資料,再僱一唱做俱佳的律師為你出庭辯護,以訴訟方式作為訴求。其優點是判決較公平,是有一半機會獲勝,但也有一半機會輸,如果是祇能贏不能輸之情形下,最好不要走進法院,因為判決下來,回轉餘地甚小。

四、對社會大衆(民意)訴求方式:利益團體要處處圓,不能得罪人,所以直接的,要去影響決策單位,立法、司法、行政均是對象,間接的,要去爭取社會大衆,尤其是新聞界,要爭取他們之同情,同情就不會反對,支持就會加入行列(出錢出力)。利益團體雖然可以用不同方式去訴求,最重要也最基本的是自己的力量,因此爭取大衆是非常重要的任務。

在爭取社會大衆時,利益團體至少要注意到二大項目:要師出有名,其訴求的性質是合法、合理、合情的,更要讓社會大衆了解其訴求與大衆全體利益不衝突,亦即無損社會利益。如果設計得好,要讓社會人士

知道，其爭取的訴求會有利於社會大衆，所以利益團體的訴求是一門很深的學問❹。

---

❹正因爲訴求的不易，政府之資源是有限量的，因此各利益團體均僱有專業人員從事公關、從事遊説。

重要問題

一、利益團體和政黨之異同處？

二、試述利益團體在民主政治中扮演之角色。

三、如何衡量利益團體之力量（壓力）？

四、討論利益團體訴求之不同方式。

五、提出當前國內十個利益團體。

參考書目

Birnbaum, Jeffrey H., *The Lobbyists: How Influence Pedders Get Their Way in Washington*, New York: Times Books, Random House, 1992.

Birnbaum, Jeffrey H., and Alan S. Marray, *Lawmaker Lobbyists, and the Unlikely Triumph of Tax Reform*, New York: Vintage Books, 1988.

Cigler, Allan J., and Burdett A. Loomis, eds., *Interest Group Politics*, 2nd ed., Washington, D.C.: CQ Press, 1986.

Clawson, Dan, Alan Neustadtl and Denise Scott, Alan, and Scott, Denise, *Money Talks*, New York: Basic Books, 1992.

Jackson, Brooks, *Honest Graft: Big Money and American Political Process*, New York: Knopf, 1988.

Key, V. O., Jr., *Politics, Parties and Pressure Groups*, New York: Cornell, 1958.

Olson, Maneur, Jr., *The Logic of Collective Action: Public Good, and* the Theory of Groups, New York: Schecken Books, 1968.

Schlozman, Kay Lehman, and John T. Tierney, *Organized Interests and American Democracy*, New York: Harper & Row, 1986.

Truman, David B., *The Governmental Process: Political and Public Opinion*, New York: Knopf, 1951.

Washington Representation, 1991, New York: Columbia Books, 1991.

第十二章　政黨和政黨制度
〈Party and Party System〉

學習目標

政黨在民主政體中的功能
一黨制的成因
為何美國接受兩黨制
法國採多黨制之原因
民主政黨之特性

前 言

政治是政府在有限資源下如何作分配的過程，因爲資源有限，因此個人、團體均各自爲政透過管道來訴求他們追求的物質安全（衣食住行育樂民生要件）、自由（權利保障）、金錢、地位、正義等。在民主平等原則下，一般人的訴求往往不被重視，在自然發展下，政黨成爲個人、團體最能達到政治訴求的工具（具有民主政治力量的因素：人數、財力、組織力量、領導和計畫），透過政黨之運作，利益訴求可以歸納、可以表達，甚至可以付諸執行，政黨成爲現代政治制度的重要一環，而有民主政治是政黨政治之説法。

第一節　概說：政黨和政黨制度 (Parties and Party System)

史實可以説明，没有政黨國家照樣可以存在，政府照舊可以治理，也可以有賢明之政治，人民過得也算幸福，因此政黨不是政治的必備條件。相反的，政黨不管如何名正言順的來説，其最終目的是獲取執政權，難怪在傳統政體，政黨被視爲謀權之朋黨，統治者最怕也最恨它。

在今日一百七十多國家中，除了極少數王權國家沒有政黨外，絕大多數的國家，包括意識型態强烈的共產國家均有政黨之存在，我們可以説，在短短百年中，政黨已成爲現代政治之要素。再進一步的去了解，我們發現各國政黨按歷史背景、政治哲學（意識型態）、文化因素以及現況而有不同之「政黨制」(Party system)，因爲政黨制之不同，政黨也扮演不同之角色與有不同的功能。我國政黨歷史也有百年之久，在政治改革下，政黨制度在變化中，因此這一章要討論各種政黨制的特性，

以達到他山之石可以攻錯之效。

第二節　政黨之特性

政黨是近代政治的產物，是政治舞臺上的新角。雖然歷史很短，但研究它的學者❶以及書籍文章非常之多，其定義更是分歧，一般來說，「政黨乃是一羣為追求共同理想目標而組織，以謀取執政權的政治團體」❷。因此政黨有下述之特性：

政黨是一羣志同道合具有共同政治理念組織的政治團體。不是每個組織的團體都有共同政治理念的，這也是政黨和利益團體不同之要點。利益團體可能是為金錢、為宗教、為學術而組成，政黨則是政治性的利益團體。

政黨為社會認同具合法性之政治團體。也不是每個團體都被社會接受的，更不是每個團體都合法的，但政黨在民主政治中是合法是被大衆接受之政治團體。

政黨是政治團體，何謂政治團體？它是以獲得執政權為目的的團體，這也是和利益團體不同之要素，利益團體的目的是影響執政者。

政黨為了贏得執政權，先要贏得選舉，要贏得選舉就要先甄選優秀的人才，所以政黨的重要功能之一就是吸收和培養人才。尤其在美國之兩黨制，黨已不似以前那麼組織化和制度化，黨漸漸成為選舉之機器。既然黨沒有教育和訓練人才的環境，黨就要到社會上、學術界，去找優秀人才以黨之名義去競選，所以政黨與人才之儲備是有密切關係的。

---

❶例如 V. O. Key, Jr., Ivan Hinderaker, David Apter 是早年研究政黨的學者，近年來有 Charles O. Jones, Ralph M. Goldman.

❷參閱 Leon D. Epstein, *Political Parties in Western Democracies*, New York: Praeger, 1967.

第三節　政黨之功能

一、政黨是政府與人民間之橋樑

人民如有不滿，如有訴求，往往因能力微弱不能對政府作有效的表達，政黨目的之一就是在執政後去施政爲民謀幸福，所以政黨首先要了解民意，了解人民之訴求。政治學上所謂的利益認知、利益匯集，就是要找出問題，然後以政黨之名向政府去訴求（反對黨的做法），如果是執政黨就祇要去實施即可。

二、政黨爲政府預設施政目標

政黨政治活躍的社會，一定是較民主之社會，也是多元化的社會，在這種多元化社會各利益團體所追求的利益一定很分歧，但在有限資源下，政黨一定要預設政綱，亦即先列出施政之方針，對資源作如何之分配。如果是執政黨，列出施政方針後即可按時間表去執行，如果是在野黨，也可將預設的施政目標公諸於世，讓選民知道該黨對公共政策之選擇。其效用有二：其一是執政黨可能採取一些觀念或作法，其二是假如執政黨之政策設計或執行有了錯誤和偏差，選民有比較，將來會改投在野黨的票。

三、政黨是甄選人才菁英之場所

上面略談了此問題，一般來説，任何社會領導人才難求，不管是民主國家之政黨或意識型態强的共產國家之共產黨，爲了執政，一定要培養好的人才。中國國民黨就有此功能。

四、政黨另一功能是提名候選人

在民主政治中，政治權力是以選舉為分配方式，所以有人說民主政治是一切為贏得選舉。要贏選舉，政黨就要在選區提出可以獲選的候選人。在美國選總統時，兩黨均召開黨員代表大會（National convention），在大會中提出兩黨正副總統候選人，這是相當重要的過程，如果提名選錯了人，在大選就會輸掉總統之寶座。在地方選舉過程中，提名雖不是如此複雜，有時也有興趣，在地方上知名之士會毛遂自薦用民主黨或共和黨之名去參選也是常有之事。

五、從事競選活動

在西方民主國家，過去競選活動不是候選人個人之事，而是候選人所屬政黨之事，競選活動例如籌募款項、宣布其施政理念和政策、製造好的形象，均需黨全力支持。近年來，尤其是美國，政黨組織日漸鬆弛，又加上電視在競選中扮演了過重之角色，候選人所需要的是專業人員，政黨反而有無能為力之感。而在今天的臺灣，競選活動仍然必需借重政黨之人力（黨工人員）、財力（由黨部資助），甚至一些地方選舉還需要中央黨部之領導來為他們造勢、奔走和競選。

六、組織政府執政

上面提過，民主政治的最基本原則是以公平、公正、公開的選舉來決定政治權力的歸屬，贏得選舉的一方取得組織政府之權力（又稱為組閣）。組閣是組織政府對整個社會之資源加以分配，亦即管理眾人之事，所以執政黨有機會將在選前競選的承諾予以兌現。政治是永遠的競賽，為了贏得下一次以及日後的選舉，一定要對選民之承諾作全部（當然是不容易，也不可能）或部分付諸實施，有了政績，將來選民才會繼續支

持。

七、監督政府

贏的一方主政，輸的一方或多方（在野黨或反對黨），有監督政府
之功能。一方面要注意執政黨是否照競選承諾去做，同時要找出執政黨
犯的錯。既然政治是永遠不斷之競賽，輸了不要氣餒，要更積極的做好
在野黨的角色，如此在制衡之下，執政黨才會兢兢業業去主政，獲益的
是社會大衆。最不了解的是民主競賽的反對黨往往不管政府政策的好壞，
爲反對而反對，結果兩敗俱傷，最倒霉的是人民。

第四節　政黨制度（Party System）

政黨是現代政治之產物，舉目看各國之政黨，有的是一黨制，有的
是兩黨制，又有的是多黨制。假如世上真有所謂最佳政黨制的話，爲什
麼各國不像顧客一般去搶購名牌貨品呢？政黨制度不是那麼單純，它與
一國之文化、歷史、意識型態之採信均有密切關係。本節要討論政黨制
度以及其成因，同時也以實例來説明其利弊。

一、一黨制（Single Party System）

顧名思義，一黨制是一國家祇有一政黨，但這是錯誤的想法，事實
上一黨制可分爲二大類型：

㈠一黨獨存政黨制（One legal party system），亦即祇有一黨爲該
國之合法政黨，其他將被視爲非法，是地下組織。如過去的德國納粹黨，
以及冷戰結束前的共產黨（自從東歐共產政權瓦解後，共產國家容許其
他政黨之存在）。

㈡一黨獨大政黨制（One dominant party system）。在這類型政黨

制度下，雖有數小黨可以合法存在，但有一占絕對優勢的大黨（所謂小黨是該黨無法贏得全國性選舉的黨，大黨則是贏得選舉之執政黨）。過去我國政黨即屬於此類型，國民黨一黨獨大，民社黨、青年黨均是起不了作用之小黨，墨西哥、新加坡也屬於此類型❸。

其次談一黨制之成因，首先談一黨獨存制。通常一黨獨存之政黨制來自經歷過革命的國家，在革命前，該黨是革命黨是非法的地下組織，以推翻專制政權爲其目的，經過流血重大的犧牲而贏得了執政權。一般來說，革命時一定強烈的敬奉一意識型態，革命成功後，意識型態成爲治國之準則，既然是在犧牲極大之下拿到了政權，所以絕不容許其他意識型態之存在，也不容許其他人或黨來分享以生命換取的政權，最簡單的做法是將本黨定爲唯一的合法黨，同時以任務尚未完成爲藉口不容反革命之異議分子參與政事。以前所有的共產國家均有類似的歷史經驗。

自從歐洲共產國家和前蘇聯解體後，一黨獨存制已發生革命性的變化，有些前共產國家反而將共產黨列爲非法政黨，也有些共產黨在一些國家成爲在野黨，可能一黨獨存將漸漸的變爲歷史名詞。

另一主要因素，爲何一黨獨存制可以繼續存在，乃是因爲其政治體制屬於非競爭性體制（Non-competitire political system）。何謂非競爭性政體呢？就是該政府之權力不是以公平公正之競爭方法（選舉）來決定的。雖然過去共產國家也有選舉，但那種祇有一候選人（共產黨）參選的選舉不算是真正競爭，在這種情形下，不需要也不讓其他黨來提名參選，所以一黨獨存制頗合其政治之需要。

再談一黨獨大政黨制（也有人名爲一黨優勢制）之成因。一般來說，一黨獨大政黨制是那些經驗過獨立戰爭的國家，亦即過去是殖民地，

---

❸Samuel P. Huntington, *Political Order in Changing Societies* 一書中曾建議一黨獨大政黨制有助於開發中國家經濟發展。新加坡、南韓以及我國均是好的例子。

是被壓迫的，爲了爭取獨立，一定要以平等爲獨立訴求的口號，獨立後那些殖民主子被趕走了，那些參加獨立戰之英雄成爲執政者，爲了需要組織政黨，將參與獨立戰爭之人全收容在內，當初趕走殖民主子時要唱口號平等，贏得執政權後，不能一反初衷不講平等，所以不能阻止其他黨之存在，但政治是現實的，政治涉及到權力，很容易使人變得自私，在不願與他黨分享政權心態下，執政黨一定用政治、法律等手段，不讓他黨壯大起來，在如此發展下，而成爲一黨獨大的局面。

最後要討論到一黨制之利弊問題，一般來說，不管是在一黨獨存，或一黨獨大國家中，其政府權力集中，在政策的籌劃、執行上較快速，即使政策有了偏差也可以很快的改善轉向，因此這種政黨制最適合於經濟發展起飛階段。過去共產國家各種的幾年計畫，甚至我國的十大建設等等均是在這種政治架構中進行完成的。另外的實例如南韓、新加坡等。這種政黨制之缺點是人民之參政權——對政府政策之選擇和籌劃沒有太多的參與，同時個人在某方面之自由會被剝奪，而且在長時期的專政下，政府也容易失去行政效率，變得腐化。

二、兩黨制 (Two Party System)

在所有政黨制中，兩黨制最受人推崇。舉目看各國，採兩黨制的國家並不太多，如果兩黨制真是那麼好，爲什麼其他國家不去仿效呢？因爲政黨制度和文化、歷史，以及選舉制度均相關，這一節就要以美國兩黨制爲例來介紹兩黨制。

兩黨制並非在全國祇有兩黨存在，而是指祇有二大黨（均有可能獲得多數成爲執政黨），除二大黨外尚有其他小黨與大黨並存，但他們無法贏得執政權。爲什麼美國，一個重選擇自由的國家，不採多黨制讓其選民有更多選擇機會呢？事實上美國接受兩黨制是基於下述理由：

(一)歷史因素

美國自其立國以來，就被重大問題將全國分為二大集團（不是有形的，而是心理上的），最初之爭是國家體制問題，一派主張中央集權，一派主張地方分權，所謂 Federalists V. Anti-Federalists。在林肯時代，美國曾被黑奴問題所困擾，北方主張解放黑奴政策，南方則支持黑奴政策，結果引起內戰。在工業革命之初，一派人重商業之權益，另一派重傳統農人的利益，在一國家被大問題困擾下，往往導致兩大黨打擂臺之局面，漸漸形成兩大黨派。

(二)文化因素

一方面基於上述的歷史背景，另一方面基於美國三權分立憲法之精神，在互相制衡下，「衝突」（Conflict）成為美國文化之基石，他們不但認為衝突是不可避免，同時認為衝突是進步的淵源和動力。兩黨制是一對一的競賽，這種競賽在行進中是最強烈的，例如美國各種球賽均以世界大決賽為名，棒球稱為 World Series 世界賽，足球為 Super Bowel 超級賽，籃球稱為世紀大賽，這一切表現出美國重衝突的文化，而在政黨制度中兩黨一對一的結果也正合美國人的口味。

(三)選舉制度（Electoral system）

選舉制度也影響政黨制，一般來說，單一選區制（Single-member District）之選舉制會促進兩黨制。所謂單一選區制就是在一選區中祇選出一人，獲得多數票者即當選，在這種情形下，小當候選人根本無當選機會，祇有兩大黨之候選人有機會獲勝，組黨之目的本來是參選贏選戰而主政。在單一選舉制下，祇有一人可被選出，均是大黨之候選人。選舉是花錢、費人才費時間的投資，沒有贏的機會又何必參選浪費時間精力呢？在這種情形下，小黨漸漸的就被淘汰了，最後祇剩下兩大黨來互相制衡。

美國是採單一選舉制，一區祇選出一人，一縣市選出一縣市長，一州選出一州長，一選區祇選出一參眾議員，全國祇選出一總統。如果美

國真要改兩黨制爲多黨制的話，首先要改其選舉制度，將單一選舉制改爲比例代表制（Proportional electoral system）。關於此選舉制會在下面多黨制的法國再介紹。

根據研究調查，美國人絕大多數認爲兩黨制在美國實施得很好，所以不願去改，加之衹有國會可以修改選舉法，國會議員均是兩黨之既得利益者，所以要改是談何容易。

兩黨制不管在理論和實踐上均爲人讚賞，一方面任何一黨均可以單獨主政，不需要和其他小黨組成聯合內閣，因此很穩定。另一方面兩黨互相制衡，執政黨在反對黨（在野黨）虎視眈眈下，一定要兢兢業業的做好施政，否則下一次選民就不投你的票了。兩黨制不是沒有缺點之政黨制，其最大的缺點是在制衡之下，在野黨非得爲反對而反對，而制衡的結果是立法效率不彰，往往造成停頓的結果，這對萬事待舉的新興國家最不適合，而美國一切已上軌道，由於制衡而不至於受害太大。在優缺兩衡下，兩黨制還是利多弊少的政黨制❹。

三、多黨制（Multi-party System）

多黨制按其名詞是在一國中有二個以上政黨同時並存，理論上沒有一政黨單獨有能力（獲過半數）來執政，一定要等選舉完成由各黨協商談判後，組成聯合政府（或稱爲聯合內閣）。多黨制最突出的國家是法國，本節以法國多黨制來介紹多黨制之形成。

一般來說，多黨制存在於被許多重大問題分裂的社會中，這些問題均是兩極化不容易協調之問題，因此無法以較理性的方法協商，最後各組黨來表明立場。法國被下面數項問題所分裂：

---

❹在美國近代雖有數次第三黨（或稱獨立派）向兩大黨在大選中挑戰，結果均未成功。

㈠憲法問題

究竟法國應採重立法之內閣制，抑是重行政之總統制？這在美國已不成問題，因爲美國採三權分立，沒有誰是老大之爭，但法國有歷史上的不幸經驗，如果行政權太大，會演變成專橫獨裁（拿破崙），如果立法權大則行政效率太差，即無法應付緊急狀態（法國第三、四共和）。時至今天這問題仍然是爭論重點，例如法國右派如高樂黨和獨立黨則主張擴充行政權，而社會黨、共產黨則主張重立法之內閣制。

㈡經濟政策

同樣的，在美國絕大多數的人均贊成資本主義原則下之經濟政策，亦即接受自由競爭、自由企業，很少人以經濟政策爲競選訴求，但在法國卻不然，很多法國人公開反對資本主義政策，而提倡社會主義和共產主義的經濟政策。在這種兩極化爭論下，政黨也因此問題形成對立，法國人加入政黨以表示對此問題之明顯態度。

㈢宗教

在宗教自由原則下，照理不應成爲政治性問題，美國採政教分開之理論（Separation of church and state），但法國是宗教背景很深的國家，很多法國人屬於天主教，因此很多法國人希望將天主教變爲國教，或對天主教作有利的決策。這些做法使很多異教徒，或不信教的法人產生強烈反感，所以宗教也是將法國社會分裂之導源之一。

㈣殖民政策

在今日的世界，殖民主義已失去光彩，甚至被大多數新興國家所責罵。法國是傳統殖民國家，一些傳統人士尚沈迷在過去風光局面，要求政府在政策上不要對新興國家太讓步，而另一批自由主義强烈的人士，則認爲如此做是違反了世界潮流，甚至違反了人權觀念。這些不應成爲問題只是偶而在法國選舉時會一再出現。

由上面分析，我們可以看出法國是一分歧的社會（Divided society），

這分歧的因素是政治性的國體、經濟政策、宗教以及殖民觀念和政策，法國人加入政黨以表明其對此問題之立場❺。

多黨制之優點是最合民主之內涵，人民有集會結社，人民有言論之自由，祇要不滿現況，祇要有新的觀念看法就可自由組黨或參加黨表示出來，而且在多黨制下，制衡的目的一定達到。不但大的反對黨、小的反對黨，甚至和執政黨合作的聯合小黨均可隨時異議來向政府訴求監督，但其缺點則是行政效率一定差，政局一定不穩（隨時有倒閣之可能），而且政策之連續性將成問題。

第五節　民主與政黨性質的關係

雖然政黨制度可分爲一黨制、兩黨制和多黨制，但由於民主觀念在今日世界之強化，個人主義之重視（人權觀念世界化），難免影響到政黨之組織、政黨之運作以及政黨與黨員之關係，本節就是要討論這些問題。

一、民主選舉對黨員入黨的影響，政黨在過去都較正式、較嚴肅，黨員與黨的關係較密切，但在民主發展到了某一階段，那種關閉制政黨就會受到衝擊。第一爲了贏得選舉，就需要選票，要選票就得把黨的大門打開，以前那種關閉式入黨程序將會簡化。例如美國兩黨，共和黨和民主黨已淪爲選舉機器，他們黨的大門是永遠開著，祇要在選舉前註冊時表態一下就算是該黨之成員，無入黨形式，無入黨正式手續，更不需繳費，也無黨證，這種發展就由菁英政黨演變爲羣衆政黨（Elite party 變爲 Mass party）。

二、民主發展下政黨不再以顯明之意識型態來號召，而取代的是符合民衆利益之公共政策。

---

❺除了法國之外，採多數黨制且相當成功的尚有瑞典、以色列和義大利、挪威等國。

　　過去政黨本著一特定之意識型態（政治理念），如共產黨以馬列主義爲主，中國國民黨以中山先生之三民主義爲政治理念，以前美國民主黨、共和黨也以民主、資本主義爲理念，但今天再也找不出兩黨在政治理念上的差異，他們今天所爭論的大都是政策性的。例如對全民保險的觀念和做法，對犯罪、對槍械管理、對環保等等問題的解決方案。以前重意識型態的時代已過去了，因爲強調意識型態的政黨將會使大部分選民排斥在黨的大門之外。

　　三、民主之發展會影響到政黨之組織，過去以黨治國的理念下，黨比政府還重要，黨的組織非常嚴密，幾乎和官僚系統一樣，共產黨的組織就是如此。在分層負責下，上下成一條鞭，這是由上而下的決策系統，上面黨中央決策後祇要透過組織就可以順利執行（共產國家採所謂民主集中原則就是如此道理）。民主愈發達，選舉愈公開，愈公平，草根將扮演重要角色，黨內民主是勢在必行，如此基層幹部漸形重要。再以美國爲例，平時幾乎看不到、聽不到黨部的存在，祇有在選舉時才在各地方聘有黨之負責人，要辦好選舉就需要地方選區人力物力之支持，上層的反而影響力很小。

　　四、民主發展下，黨紀會鬆懈，即黨對黨員之控制較少，在過去有所謂清黨（Purge），處分這種因違紀、工作不力，或不服從命令之黨員，輕的失去黨職，重的失去權力，最重的失去生命（史達林時代，數十萬黨員被清掉）。在今天的我國，國民黨以及民進黨常常以違紀而開除某些黨員黨籍，民主發展下去，這種管制嚴的政黨將失去號召力，黨與黨員關係將愈來愈淡，如果你管得太緊，在此地不留人自有留人處的原則下，黨將失去很多優秀人才。今天我國之政黨漸漸發覺失控的現象，並不是黨員素質問題，乃是政治發展階段起了變化❻。

---

❻參閱筆者的一篇"Institutionalization of Party system in the R.O.C.", 1994.

重要問題

一、討論政黨在民主政治中的功能。

二、一黨制又可分爲一黨獨存和一黨獨大兩種，請討論該二種類型之成因。

三、美國採兩黨制的原因？如果美國要改變其兩黨制成爲多黨制，美國應採何措施？

四、法國採多黨制的因素爲何？

五、民主的發展對政黨的影響是什麼？

參考書目

Berme, Klaus Von., *Political Parties in Western Democracies*, New York: St. Martin's Press, 1985.

Bogdanor, Vernon, ed., *Parties and Democracy in Britain and America*, New York: Praeger Publishers, 1984.

Crotty, Williams, *American Parties in Decline*, 2nd ed., Boston: Little Brown, 1984.

Duverger, Maurice, *Political Parties*, New York: John Wiley & Sons, 1954.

Eldersveld, Samuel J., *Political Parties: A Behavioral Analysis*, Chicago: Rand McNally, 1964.

Epstein, Leon D., *Political Parties in Western Democracies*, New York: Praeger Publishers, 1967.

Keefe, William J., *Parties, Politics, and Public Policy in America*, 5th ed., Washington, D.C.: CQ Press, 1987.

Ladd, Everett Carll, Jr. & Charles D. Hadley, *Transformations of the American Party System*, New York: W. W. Norton & Co., 1975.

McHale, Vincent, ed., *Political Parties of Europe*, Westport, CT: Greenwood Press, 1983.

Michels, Robert, *Political Parties*, New York: Free Press, 1949.

Randall, Vicky, ed., *Political Parties in the Third World*, Ithaca, NY: Russell Sage, 1988.

Ranney, Austin, *The Doctrine of Responsible Party Government*, Urbana University of Illinois Press, 1954.

Sartori, Girvanni, *Parties and Parties Systems: A Framework for Analysis*, Vol. 1., New York: Cambridge University Press, 1976.

第十三章　公共政策
（Public Policy）

學習目標

何謂公共政策：政府管理眾人之事所定的行動綱領

公共政策表現之方式

公共政策之項目、先後次序由誰來定？

公共政策之評估

各國共同關心的公共政策問題

前　言

　　傳統政治學者的研究一向以政府之組織（立法、司法、行政）、政府之功能，以及政府組織、權力根據——憲法等爲主題。是研究政府之決策與過程，決策以後之事就不再理會，一方面可能傳統觀念認爲政府之行爲是不能過問的，另方面傳統研究方法無法分析決策後之評估問題。

　　一直到一九六○年代，由於研究方法有了進步，更因爲各國資源日漸匱乏，認爲政府在決策時是否犯了錯誤，或執行時是否有了偏差，如果能真找出原因，政府以後對資源之運用和處理會更有效，在這種新研究方式和新觀念下，公共政策演變成政治學科的一門新秀。

第一節　概說：何謂公共政策？

　　按依斯頓政治體系理論，公共政策乃是政治體系之生產品、輸出（Outputs）。根據公共政策學者達野（Thomas Dye）的說法，公共政策是政府選擇去做或不去做的決定❶。也有些學者將公共政策視爲政府制定的行動綱領❷，更有一位學者認爲公共政策是政府影響到人民生活之決定❸。看了這些中外學者的定義，作者反而覺得中山先生講的更確當，他說政治是管理衆人之事，那麼政府去做或不做，政府之行動綱領，政府對人民生活之決定，不均是講政府管理衆人之事嗎？因此公共政策

---

❶參閱 Thomas R. Dye, *Understanding Public Policy*, 6th ed., Englewood Cliffs, NJ: Prentice-Hall, 1987.

❷參閱呂亞力教授的政治學，在該書中呂教授對公共政策的制定、公共政策之執行以及評估，均有詳盡的分析與介紹，p. 320。

❸參閱 Michael G. Roskin 的 *Political Science* 一書，pp. 359-376。

乃是政府管理眾人之事的決策。

第二節　公共政策表現之方式

公共政策既然是政府管理眾人之事的決策，而政府決策表現方式很多，有一、法律，二、提供服務，三、提供金錢補助，四、報稅時減稅項目的規定。現分述如下：

一、法律，在第七章中作者已對法律觀念有詳細的介紹，在此處我們要強調的是法律是公共政策之形式之一，也即透過法律來達到管理眾人之事。一般來說法律包括：

㈠控制人民自由之公共政策。在羣居生活中，一定要有規範來決定什麼是可以做，什麼是違法不可以做。亦即在羣體社會中就非得有控制個人自由之法律，例如，槍械管理法、環境污染管理法，和有關墮胎、死刑的法律，這些皆是法律形式的公共政策。

㈡保障人民權益之公共政策。在美國有法律來保障少數民族，及女性不受歧視的公共政策。保護童工的法律也是屬於此類型。

㈢提供物質的公共政策。政府透過立法制出法律提供物質給人民，例如最低工資法、低價房屋法、社會安全、社會救濟，以及柯林頓總統在大力支持的全民保險法均屬於此類型。

㈣增加人民義務的公共政策。法律是決定權利和義務的，所以政府可透過法律給予人民權利，同時也可以透過法律為人民增加義務。接受國民教育、納稅、服兵役均屬此類型。

二、提供服務。政府管理眾人之事可以提供「服務」之方式來做，政府為民服務的地方太多了，為維護人民財產、生命而提供訓練有素的警察來維護治安，這是服務。為了人民可安全而快速的來往各地，政府提供各種交通的服務，好的道路、安全指標，甚至可使旅行人愉快的休

息站，其他如水電的供應、教育設備、優良師資、到外地設置公園以供民眾戶外活動。總之，任何有關衣食住行育樂之事，政府均有服務的機會。

三、金錢物質上的提供。政府除了提供各項服務外，也常常提供人民金錢和其他物質上的贈與。例如最近我國爲選舉而提供老人年金，在美國政府更給予低收入者社會救濟金，失業的給予失業補償金，當天災（水、旱災）農地無法耕種時，政府也給予補償金。最近洛杉磯大地震後，美國總統柯林頓撥出一億美元作爲救濟災民之用。

另一種以金錢透過公共政策協助民眾的是低利率的貸款。例如大學生可向聯邦政府貸低利率的款項，將來畢業後做事再慢慢還。農人、小型企業，或少數民族做小買賣生意的均有優惠貸款，這也是公共政策之一種。

四、稅也是重要的公共政策之一，加稅，人們負擔重，減稅，人民負擔就輕，所以稅也是影響大眾生活的公共政策。尤其每年美國國會在制定稅法時，各利益團體均盡力來爭取免稅或減稅之政策。

第三節　公共政策之來源：誰決定公共政策之項目和次序先後

在民主政體下，任何人、任何利益團體均可向決策單位提供公共政策之項目。但在有限資源之先決條件之下，不是任何人之訴求均可以加以滿足，政治就是政府制定公共政策之項目和先後次序來管理眾人之事，這一節就是要討論公共政策之項目和次序是誰來決定。研究公共政策的學者提出三種理論❹；一、多元式，二、菁英式，三、政府自主式。

❹參閱 Jones, Charls O., *An Introduction to the Study of Public Policy*, 1976.

一、多元式 (Pluralistic Approach)

這種模式最適用於多元化的社會，各利益團體組織起來向決策者施壓力，而所有利益團體均接受公平競爭之原則，大家本著人人有機會之心態，各顯神通。在適當時，壓力用得對，則其訴求將被列入公共政策之項目中，然而在競賽中，也可能失敗，但本著輸不氣餒的精神再努力，在這種遊戲規則下，利益團體自認他們是公共政策項目的制定者。例如在美國因很多酒後駕駛而肇事，受害者之母親組織起來要政府制定法律來控制和處罰肇事的人 (MAD－Mother Against Drinking)，結果在壓力下，通過了法律；又例如爲了保護雷根總統而被槍擊到頭部的新聞發言人白來德里 (James Brady)，爲了抗議美國槍械管理法太鬆，因此組成利益團體，在他大力的現身遊説之下，國會終於通過了白來德里法案。

二、菁英式 (Elites Approach)

菁英是社會裡中上級人士，他們受的是良好的教育，做的是高尚 (不同社會有不同之價值觀) 的職業，享受好的生活，是既得利益者，例如醫生、律師、大企業家等。因爲他們有錢有勢，所以影響力特別大，在政府制定政策時難免不受到他們的影響。例如在美國有句老話説在政府背後有一看不見的手 (Invisiable hand)，這個手就是指那些既得利益者。美國現任民主黨總統在競選時就以全民保險爲競選之號召，當選後由太太第一夫人出馬來推展全民保險立法，當她在國會聽證會上作證時，頗獲得議員之好評和同情，但美國最具影響力的全美醫師協會極力反對全民保險，雖是總統也無法將它列入項目，可見菁英在政治舞臺上的力量。這祇是一例，即使在美國這民主先進的國家，也無法避免權勢與金錢的力量。舉此例祇是要説明有些學者認爲菁英才是公共政策項目之決定者。

三、政府自定項目和時間表

上面二式均認爲決策者不是黑箱作業，它是會受到外界影響的，而影響力最大的是有力量的利益團體和有影響力的社會菁英。但我們對決策者祇是知人知面不知心，因爲到底決策者是自己決定公共政策項目呢？還是聽信外界之建議？抑或假外界訴求之名來達到自己預定的目標？這均有可能，且無法獲得準確的答案。

採政府自定公共政策項目的學者認爲政府大權在手，在民主政治體系中，選舉時各候選人和其黨均有施政的方針，獲得選戰勝利後，可以按競選之承諾去執行。採此説的最適合於内閣制的政府，例如英國，英國首相可以將其競選承諾加以兌現，因爲内閣和國會都是控制在執政黨魁手中。在英國，參選人可以承諾，但也可兌現，這種政府自定項目模式頗能自圓其説，有説服力。在三權分立的國家，像美國，任何參選人可以承諾，但在制衡之下，沒有人能兌現，上節談到柯林頓總統及其夫人之全民保險公共政策就是最好的例子。

第四節　決定公共政策項目、次序考慮之因素

決策者在決策時應考慮到二項要素：

一、問題的性質 （Nature of Issue）

㈠問題的性質，亦即公共政策所要解決問題的性質，它的嚴重性，它的影響範圍。例如 AIDS 疾病的預防公共政策，因爲大家都了解 AIDS 的嚴重性，它是會傷害到人的生命，而且擴延得很快，因此這類的問題會受到立即的注意。又例如國内之砂石車肇事之嚴重性，一年四百多人喪命在砂石車肇事上，鄉民路人走上街頭和砂石車駕駛發生流血

事件，這也是較嚴重的問題，在很短期間各單位協調下而立出了大家可以接受的政策。

㈡問題的性質和一社會文化背景的關係，如果公共政策所要解決的問題和文化相符，這問題就很容易列入考慮，而且次序會優先。同樣的，如果公共政策所要解決的問題違背了文化價值觀，那就不容易過關。例如教育部考慮是否學生有權評鑑他們的教授就是一好的例子。

㈢公共政策所要解決的問題是否非靠政府不可，這也是政府決策者考慮的因素之一。假如有其他的資源可用，政府就不會整個擔當下來。例如在美國關於無家可歸之人（Homeless people），即有各地慈善機構提出援助，像教會在各地為窮人設廚房。

㈣政府是否有力量去解決也是考慮的因素。政府之資源是有限的，因此一定要有選擇性，尤其有些問題政府管不下來，既無足夠之財力，也無人力，在這種情形下就不會也不該去管。

㈤政府是否有權去管？政府的權是受到憲法限制的，該管的當然去管，憲法沒授權，或憲法限制政府的事就不該去管。在美國違憲之公共政策最後將被聯邦法院宣布無效，例如過去那些觸犯少數民族民權的法案。

二、公共政策影響者的壓力

決策者在決定公共政策項目時首先要考慮問題之性質，同時也要考慮政治舞臺上其他重要角色之意見和反應。在民主政體中，一般來說，除了行政部門決定公共政策外，尚有下述重要政策影響者：立法機關、官僚體系、利益團體，以及民意。決策者要在這四大影響中做到四面圓滑當然是不可能的，但至少要能擺平。除了上述傳統的政策影響者外，現在在世界各國（我國也不例外）均成立基金會設立智囊團（Think Tanks），這些政府或私人的研究機構，不但做學術上的研究，更為決

策者提供政策之籌劃、政策之執行、綱要之設計，甚至做政策施行後政策之評估，在一條鞭作業下確實將政治科學化了不少。

第五節　公共政策之評估

這是一個評鑑的時代，商業服務品質會受到評鑑，大專院校之科系會受到評鑑，各公務員之工作會受到評鑑（等級），因此管理衆人之事的政府決策也應受到評估。上文提到在新觀念下，政府也在評鑑之內（在我國常常給首長們打分數），更加上資源愈來愈匱乏，不應像以前那麼浪費。評估公共政策有三大目標：

一、政策之繼續

如果公共政策仍然有需要，又政策績效頗佳，在評估後就會作政策繼續不變的決定。

二、政策之終止

終止的原因是目的已達到，沒有再繼續的必要。

三、政策之修正

經評估後，如果認爲決策有錯誤或執行不力，就應提出修正的方案。

不管是那一種目標，其結果是因爲政策之評估，政府會對資源作更有效、合理的運用。

談了評估的目的，再談評估的考慮因素，一般來說，評估者要預定評估之標準。

第一標準是經濟因素：即以經濟效益爲標準，這項公共政策是否利大於付出之成本，如此評估後再決定繼續、終止或修正再繼續。例如興

建的水庫、建造的海港、開闢的碼頭、修築的地鐵、高速公路，其實決
策前就會有研究報告，在報告中一定會有成本與預定的經濟效益。這種
方式來評估相當理性化、客觀化，但也有它的缺點，因爲不是每一項公
共政策都能以數字來衡量效益，例如教育投資、人民健康保險之政策，
甚至保護到民衆生命的公共政策，這些性質的問題就無法以經濟因素來
做標準了。

　　第二標準是倫理（文化）因素：任何社會根據其主流文化而建立出
一套價值系統，這價值觀成爲做人處事之準則，也決定輕重緩急的先後
次序。例如生命最優先，在現代工業社會，財產之保障也漸形重要。由
於民主的發展，個人主義、公平原則、平等觀念等均是評估公共政策倫
理之標準。以倫理作爲評估標準困難的地方是，如果倫理因素互相衝突
時如何抉擇。

第六節　當前各國共同關心的公共政策

　　每個社會因其地理條件、文化、歷史背景，以及資源之多寡，而面
臨不同之問題，因而有不同之公共政策。然而在互異情況下，仍然有一
些共同之問題，作者舉數例以說明公共政策之內涵：

一、經濟政策

　　其實没有一項公共政策不涉及政治、經濟、財務的，因爲有政策，
就要去執行，就得運用政府資源。然而有些公共政策是會直接影響到政
府經濟的，例如稅法（稅之增減，以及決定稅源），在民主國家中，增
稅是最不受選民歡迎的，美國布希總統就因增稅而輸掉連任（選前説不
增稅，選贏後却增了稅）。除了稅，政府也要訂立金價、利率，同時要
收支能平衡的政策，這是每個政府所必須面對的。

二、環保政策

在經濟掛帥的國家，往往無心關注環境保護，然而當經濟發展到某一階段，社會大衆在經濟生活改善後，會設想到生活之素質，他們發現，吸的是污染的空氣，喝的是污染的水，（可記得電視廣告：這是我們喝的水嗎？）我國是最好的例子，有魚蝦的河流已沒幾條，空氣品質低到危險程度，甚至住的房屋是受到核子污染的鋼筋所建築的，有人稱美麗的寶島爲垃圾島。在環保意識愈來愈普及的情形下，社會大衆的訴求已變了質，他們要的已不是工廠和工作，他們要的是好品質的環境，這訴求幾乎是世界性，現代的政府往往需在經濟發展與環保之間取得合理之安排。

三、社會福利政策

以前資本主義國家注重個人政治的自由權益，而忽視個人物質安全的保障，祇有社會主義國家強調物質之分配。然而近十年來，由於經濟蕭條，再加上資源日漸匱乏，人與人之間之競爭也愈來愈烈，個人無法對自己提供物質上之需求，漸漸希望政府來協助。例如美國近三分之一的人民無醫藥保險，美國總統柯林頓就是以提供全民保險爲競選口號而獲勝，另外例如學生要求低利率之學生貸款，失業人希望更多的失業救濟，社會福利日漸成爲最大的支出項目。在一九九三年選舉中，我國各黨候選人也以老人年金爲承諾以換取選民之支持，遲早我國也會步向其他重視社會福利國家的後塵，對那些社會上居弱勢的一羣人提供金錢、服務，這是世界之潮流。

四、能源政策

便宜能源時代已經過去了，自從一九七三年中東對西方油禁之後，

世界對能源有了新的認識，用「危機」兩字來形容並不爲過。而且經濟
之發展，現代化的生活，非足夠能源不可，因此各國均紛紛制定能源政
策。

　　例如臺灣是否應繼續利用核能發電是目前各界人士所關注的重要問
題之一。

五、防禦政策

　　雖然冷戰已結束，世界大戰之可能確實降低了，然而國與國之間仍
然有衝突，小型戰爭仍然難免，而且政府重要功能之一就是維護國家領
土的安全，因此軍事防禦政策仍然爲各政府所重視。

重要問題

一、中山先生對政治下的定義和公共政策之關係。

二、試述公共政策表現的方式。

三、公共政策之項目以及執行之次序由誰來決定？

四、在決定公共政策項目時，決策者應考慮的因素是什麼？

五、公共政策評估的目的是什麼？

六、公共政策評估時，評估者預定之評估標準可分爲經濟因素和倫理因素，詳細説明上述二標準。

七、我國目前最關心的是那些公共政策？

參考書目

Dahl, Robert A. & Charles E. Lindblon, *Politics, Economics, and Welfare*, New York: Harper & Row, 1953.

Glazer, Nathan, *The Limits of Social Policy*, Cambridge, MA: Harvard University Press, 1988.

Jones, Charls O., *An Introduction to the Study of Public Policy*, 2nd ed., North Scituate, Mass.: Duxbury Press, 1976.

Johnson, Norman, *The Welfare State in Transition*, Amherst: University of Massachusetts Press, 1988.

Lineberry, Robert L., *American Public Policy:What Government Does and What Difference It Makes*, New York: Harper & Row, 1977.

Page, Benjamin I., *Who gets what from government?* Berkeley: University of California Press, 1983.

Starling, Groves, *Strategies for Policy Making*, Chicago: Dorsey Press, 1988.

Tufte, Edward R., *Political Control of the Economy*, Princeton: Princeton University Press, 1978.

Weisbank, Edward, ed., *Poverty Amidst Planty: World Political Economy and Distributive Justice*, Boulder: Westview Press, 1989.

第十四章　政治變遷（political change）
——改革、革命、現代化

學習目標

政治變遷是政治之常態

政治變遷之方式

改革（Reform）

革命（Revolution）

現代化（Modernization）

前 言

傳統政治學學者研究政治問題時，本著一種似是而非的觀念，即政權的穩定是第一目標，把改革、革命視爲變態。但看世界各國之歷史，以及我國傳統對歷史合久必分、分久必合的看法，均說明内亂，内戰並非稀事，如此不免使人懷疑傳統看法的説服性。因此在研究政治時，我們一樣應該對政府之瓦解、政權之被推翻，尤其近世紀各國面臨之共同命運──現代化的追求有所認識與了解。本章即是討論改革、革命和現代化。

第一節　概說：政治變遷──改革、革命、現代化

永恆、長治久安是政治統治者的理想和美夢，在政治現實領域中倒是變遷（Change），中國那句名言「分久必合，合久必分」爲常態，中國換朝換代正好説明政治變遷所代表的意義。一般政治書籍重視政治體系的穩定與維持，很少注意到變遷的政治現象，在歷史上一直有改革（或稱之爲革新、維新）、革命和追求現代化的紀錄，也很少學者將變遷作爲主題去研究（歷史學者例外）。一直到近代❶，政治學者才重視這些主題而加以研究。

變遷的方式按手段範圍的不同可分爲A．武力和暴力手段的革命、政變，和B．文的方式如改革和現代化。本章則將重心放在改革、革命和現代化三主題上。

---

❶Chalmers Johnson 的名著 *Revolutionary Change*, Boston: Little Brown, 1966. 是研究革命、武力改革較早的書籍。

第二節 改革 （Reform）

改革和革新是可互用的名詞，自古到今，中外各國均經驗過，在我國歷史上各朝各代均有所謂變法、維新來達到改革的目的。最有名的是王安石變法，每個學生在歷史教科書中都學過，所以我國人對革新、改革這名詞並不生疏。在現代民主國家中，以選舉決定執政權時，各黨各派的候選人也常用政治革新（美國卡特總統）、經濟改革（包括土地、稅務，以及其他財經政策），以及社會、倫理革新等等作爲競選口號和訴求。因爲提出革新口號者的心態是無可懷疑的——求好，所以執政黨要想做得更好而革新，反對黨要改執政黨所做的不足而提出改革，不管革新和改革均是希望做得比以前更好。在非民主國家，甚至意識型態強烈的共產國家，因爲社會大衆無正常管道要求改革，一定要採較非理性的手段，如抗爭、走上街頭，甚至政變來訴求，執政者爲了保全政權不得不提出革新方案，來穩住政局（蘇聯近年來的内政就是不斷在改革中進行）。所以說不論是中外國家均面臨改革之命運。

如果歷史是面鏡子可以照出人類犯的錯誤的話，我們發現，改革者心態雖好，但改革在歷史上成功的範例則不多，更令人不解的是改革往往導致政局不穩定，甚至帶來武力的政變。因此改革不是一單純之政治行爲，它已成爲值得研究的一門學問。

一、改革者之心態

改革者的心態應該是相當矛盾的，他們是掌握大權的既得利益者，維持現狀才合他們的利益，所以不想改革是正常的。一定是現實環境發生了變化，或因權力架構已不適時宜，舊的政策已不合現實之需求，或是權力的分配已不能擺平，而在強大反彈壓力下，改革者不得不在改革

和面臨更嚴重的後果中選擇前者。換句話說，改革者要改多半不是出於自願的，是被逼不得已而爲的。在這種矛盾心態下，改革者自然不會全力以赴，改革效果也自然不佳。

二、改革之性質

改革者矛盾的心態，被逼求好的心情是了解改革之第一步，再要了解的是改革之性質。

㈠改革是以和平的方式進行的，它異於暴力的政變，和流血的革命。改革者在推動其新政策時一定要避免利用強制和高壓手段，如果造成流血事件，改革就沾上了黑影，成功希望更微乎其微。

㈡改革的腳步是緩和漸進的，改革者一定要預設時間表，而且進度不能太快，否則新舊衝突下，又起爭端，使改革者無力無暇應付。

㈢改革的範圍是有限度的，是有選擇的，絕不能全面改革。因爲政府之資源是有限的，改革時一定要運用資源（人力、物力、財力），如果層面太廣，在多做一件也做不好的自然情形下，改革一定失敗，所以祇好本著頭痛先醫頭，腳痛時再醫腳。例如在我國近四十年政治歷史中，先進行土地改革，再經濟改革（工業之升級、稅制改革），教育革新（將教育經費增加，在質量上均予以調整），到政治民主化（改革），今天又談到文化、倫理革新，所以是局部的，是漸進的❷。漸進的改革成功希望較大。

如果一切以心態來評估決策者，改革者會得到好的評價，然而在現實的政治舞臺上，好心是不一定獲得好報的，而是政策的結果是否使社會大衆滿足。所以底下要討論改革面臨之困擾以說明改革之困難。

---

❷Huntington 在其大作 *Political Order in Changing Societies* 對改革有詳細的介紹。

上文提到，改革者求好的心是值得讚賞的，然而政治現實是權力的分配，是很殘酷的，當決策者決定改革政策時，一定要訂出法案來除舊換新。當除舊時，那些舊制度下既得利益者和其支持者一定全力反對，來維護他們的權益，會對改革者產生很大的阻撓和反彈。同時改革因為是和平、緩和、局部的改，一定無法滿足社會上的積極分子（Radical），因此他們一定會批評改革者軟弱的做法，批評改革者無心改，不是範圍太狹，就是速度太慢。結果一改反而改出兩面不討好的局面，改革者成為三明治中的肉餅，真是背腹受敵。所以說改革之路相當難走，改革者面臨的困擾是多方面的。

改革者身邊一定有專家學者做他的謀士，他們自然知道改革時會面臨之困擾，在這種左右為難下，如何能爭取時間使政權得以鞏固是改革者所期望的，因此改革者一面提出改革方案以緩和激進分子革命的企圖，一方面用政治手腕（包括威脅、利誘各種方式）來使保守既得利益者的反對減輕，在如此兩難之下，決策者需要更高層次的政治智慧。這正像玩火之魔術師，玩得好在政治舞臺上可以繼續玩下去，玩壞了就自我燒身，導致政治混亂，甚至革命。

三、改革者的選擇

根據以往改革之經驗，目前研究改革學者的理論，沒有找出一套萬靈的處方。然而根據研究❸，改革者有三種模式可循：

㈠按部就班的改革模式

按改革之性質，要改革是表示現有的人、事（政策），和機構有了瑕疵，改革方案的提出是承認錯誤的明證，因此改革之範圍愈廣即承認

---

❸參閱 Huntington。

執政者做得愈差。爲了避免社會上有這種觀念，決策者就祇好按嚴重性程度來進行改革。這種模式優點有二，其一是可藉改革之名表示有求好之心，而且改得少表示錯得少；其二是改革是需要人力財力去執行，選擇性的改革使政府有充裕的資源去執行，如此改革效果較佳。但這類型的缺點是改革得太慢，無法滿足政治現實之需要，如果國家之內政是百孔千瘡、一無是處，而改革者以走慢步來敷衍，一定導致更强烈的反對。

㈡全面革新模式

這是大刀闊斧的改革，改革者痛下決心（也可能必無他法）列出要改、該改的有關人、事、政策，向社會表示其改革之決心。滿清末年的康梁變法即屬於此類型，由政治到經濟，由社會到文化，整個層次均去修正調整。其優點是如此做法確實表明政府決心要改，但缺點則很多，其一，全面改革表示政府已到一無是處的地步，使大衆有一種腐敗到無可救藥，再改也改不好的觀念。其二，全面改革，一定導致全面反對，上文已提到保守勢力一定集合起來反對，到那時改革者孤軍作戰，在社會上沒有盟友、沒有願意支持的人，改革雖有心，一定面臨無力的結果。其三，在有限的資源下，全面去改，一定是處處想做，處處做不好，這也是很正常之現象。結果也是在有心無力下，草草收場。

㈢綜合模式

即混合上述二模式的做法，決策者爲了表示決心而宣布全面革新的心態，仍然定下優先次序去執行（時間表）。當然在宣布前，一定要對國內之政局，以及各問題作詳細的研究，然後預定執行計畫，我國十大建設就是在此模式下進行的。如此的做法可避免上述二模式的缺點，但具有二模式之優點。在理論上雖講得通，但政治和文化有密切的關係，在不同文化的社會裡，人民容忍和接受的心態是不一樣的，可能國人在傳統文化影響下，對政府施政的決心重於施政的效果，如此才能在改革

上立下了一成功的例子❹。

　　我國有了十大建設的經驗，近年來又提出六年計畫，這些均是屬於第三類型。人民了解政府要改的層面，然後定下時間表，一項一項的全力去做，尤其改革項目的次序也是影響到改革成功或失敗的重要因素。以臺灣經驗來看，先土地改革而使農業穩定，再在財經、輕重工業上下手，當經濟達到某階段，人民生活改善，教育在質與量上再行修正，到一九八〇年代底，經濟繁榮、社會安定，才再向政治革新路上下功夫。在安定中求進步正是第三類型的特色，難怪今天臺灣的學者以及政府官員常常以臺灣經驗爲傲，這是有道理的。

　　由此可知，改革比革命還要難，革命者祇要決心，不怕犧牲，不怕死，就有成功的希望。而改革則要兩邊作戰，尤其在改革之方式、項目、次序上要慎重的選擇，這是需要高度的政治智慧，光憑決心是不夠的。

第三節　革命（Revolution）

　　按歷史的史實，固然改革成功的例子不多，革命成功的例子更少，以革命之性質看，在世上的有名例子如蘇聯大革命、法國大革命、中共的革命，美國祇能算是獨立戰爭而非革命。究竟革命是如何下定義，其和其他用暴力改變的方式有何不同是本節的重點。

一、革命之特性

　　革命（Revolution）是用武力對舊有的制度作全面、快速、流血的一種變動，它是由破壞到建設的整個過程，所以革命有下述幾項要件：

----

❹中華民國民主化的政治改革是近代歷史上很少的成功範例，值得其他發展中國家學習。

㈠革命是用武力的方式，經過流血、暴力的手段來達成目的，這和改革迥然不同。

㈡革命是全面的改，人類行爲包含很廣，一般來說可分爲意識型態、政治制度、經濟制度與策略、社會價值觀和社會層次、倫理文化的心理等等，換句話說，革命是要把過去所擁有的（全盤的、整體的）拋棄毀掉，建立新的意識型態，新的政治制度，新的經濟制度，以及新的社會、倫理觀。共產主義下的革命就是將過去傳統一切打破而另建共產之式樣，所以說前蘇聯大革命和中共一九四九年與國民黨之內戰算是革命，當然中山先生領導推翻滿清建立中華民國的史實也是革命❺。

㈢革命是快速的變遷，改革的腳步是緩慢的，革命不但範圍廣，且速度也快，在極短的時間內要毀去過去的一切，建立起新的政治舞臺，所以要付的代價也很大。

爲了加深對「革命」的了解，作者要再介紹其他用武力達到改變手段的方式，A．先談政變（Coups），政變是改換政權的方式的一種，是換掉執政者。政變大都發生在企圖改革而失敗的政府。當面臨大動亂的局面，軍人利用機會來逼迫執政者下臺（有時祇要占領總統府，或控制電臺即達到目的），雖是用武力，但殺傷力不會太大，甚至無傷亡的結果。因爲執政者已無盟友，又失去了合法性和民衆之支持，所以軍變時往往是孤立無援的。B．一國家內因種族糾紛而引起的暴力，這種暴力一定發生在多民族的國家中，由於多種原因，例如宗教、生活習慣，甚至爲水源之分配也會引起家族械鬥，最顯明的實例是北愛爾蘭，和南非黑白人種之內戰，西藏之抗暴也屬此型。C．分離主義下引發的內戰，如果種族之爭論及於政治管轄權時，屬於此類型，上面舉的西藏、南非

---

❺滿清帝制被中山先生領導的十次革命推翻後建立了中國第一個共和政體，前滿清的一切均被拋棄而建立了以三民主義理念的新中國，因此很明顯是全部更新是革命。

也可用在此處，另一好的例子是班哥達由巴基斯坦分出而獨立，在獨立前的內戰即屬此類型。看了這三種以武力求變遷的方式，我們可以看出，政變祇是要改執政者，其他一切均不需改變；種族糾紛根本不涉及到政治，不涉及到經濟、社會⋯⋯，祇是二族情緒不和而引起；分離之內戰，涉及到政治管轄權，但不影響到其他各層面；而革命如上文所說，是用武力的方法快速的改變國內一切的制度。

二、革命必經之過程

研究革命的學者❻認為政府如果面臨了革命之命運，就像人身體受到病菌的侵襲，由發病到危險是會經過一段過程的❼。以過去革命為例，法國大革命、蘇聯大革命、中國一九一一年以及一九四九年革命的經驗來找出共同的現象：

㈠舊政權之敗壞：各政權敗壞的原因可能不同，有的是執政者之無能、專橫、腐敗等等，也可能是重稅（在我國古時將暴政形容為猛虎），天災人禍，民不聊生。正如俗語所說蘋果是由裡面先腐壞的，舊制度敗壞是第一階段。

㈡革命潛伏期。舊政權敗壞之下，受害者一定多，而且受害也愈來愈嚴重，到了忍無可忍時，反對勢力會漸漸化整為零在地下組織起來，民眾開始以行動來抗爭，包括抗稅、暗殺政府官員與領導人物，甚至放火製造混亂，政府失去了公信力和公權力，為了維護其政權，執政者一定要用軍方的力量來鎮壓，不久軍方勢力坐大後漸漸對執政者作抗命或干預的舉動，此時政府已無力自保。

㈢保守勢力得勢：在潛伏期的同時，執政者在無人支持下祇有將其

---

❻哈佛歷史教授 Crane Brinton 在其 *Anatomy of Revolution* 書中對革命過程有詳細的解說。

❼參閱 Michael G. Roskin, *Political Science*, 1991。

執政權和既得利益者分享而寄望保守勢力來協助穩住大局，保守勢力和主政者之利益相同，所以在初期保守勢力將被重視而得勢，但保守勢力爲了維護自己的利益，一定用較緩和手段行事，此時緩和手段已討好不了求變的反對者和民心。

㈣積極派奪權階段：保守溫和政策是於事無補，不足解決問題，然而執政者在投靠無人之下，祇好反過來找積極分子，積極派此時已覺得和執政者分享權力已不夠滿足他們的欲望，而且在溫和派改革下爲積極分子製造更佳的革命環境，當時間成熟，他們就以犧牲的代價換取革命之成功。

三、革命成功的要素

革命是冒生命危險的犧牲行爲，也沒有一定成功的處方，一些研究革命的學者提出他們的看法❽，按他們的建議，革命可能成功的情形是因爲一種人與心理狀態的組合。

簡單的組合是：

革命理念 ＋人數 ＝革命成功

（一種強烈的意識型態） （革命成員與支持者）

根據此組合，我們分析蘇聯大革命：

馬列主義＋工人＝蘇聯大革命之成功

再用在中山先生之國民革命：

三民主義＋漢人（抗清）＝一九一一年革命之成功

現解釋如下：

革命是要推翻舊的制度、舊的人事、舊的觀念，但在毀掉舊的之前，革命者一定要繪畫出新的藍圖作爲革命成功後建立新社會的根本，這種

---

❽Huntington 的革命論就採此説法。

意識型態，這種理念愈理想、愈完美、愈能吸引人去爲它犧牲。因爲現實生活實在是太苦、太殘酷了，人祇好爲理想而活，而去拼命，所以要革命，首先要有革命之理念。其次革命是需要打倒舊有的權力，舊有的勢力不會自己倒下去，非得用武力、流血的方式達到目的。我國過去有句話說秀才造反，三年無成，亦即秀才有理念，但秀才自己既不願去犧牲，又無號召力去讓別人去爲理念而犧牲。

除了要革命之理念和人羣外，另一重要考慮的因素是選對了革命之跟隨者，例如在蘇聯革命時，列寧選的是工人，因爲工人在工業剛起步時受害最深，當時農人生活也苦，但其苦與政府無直接關係，而工人乃是政府決策工業發展之受害者。工人住在城市中，他們感覺到他們的生活和其他既得利益者生活間之差距，還有工人所面臨的問題頗相近，低工資、不能忍受之工作環境、過長的工作時間，所以很容易培養出團隊的精神，再經工會一組織、一鼓吹，革命之火就一燒不可收拾了。毛澤東也學蘇聯利用工人在中國大城市造工潮，但中國的工人人數實在太少了，且工人又都在城市中，國民政府一作有效的鎮壓，結果沒成功。毛澤東失敗後第二次才找農人爲革命跟隨者，中國是農業社會，絕大多數人住在農村，由於農人生活貧窮，在農人翻身的各種口號下，農人成爲他選擇的革命者，這些經驗告訴我們，不是任何人都可以達到革命目的的。

結論：革命是福？是禍？

有一位學者提出一耐人尋味的話，他說革命表面上好像舊的壞的均改了，革命之後是新的是更好的生活，但革命後的實際生活並未改變，試看革命後的蘇聯、中國大陸和古巴；也有好的一面，如果沒有法國革命，民主思想將無法在世上成爲潮流，如無美國獨立戰爭（也有人稱之爲革命），美國的人將無法享有自由、平等的生活方式，所以革命有利有弊。

在西方哲學史上，以革命爲主題研究的本不多，最重要的是聖湯姆斯（St. Thomas），他堅決反對革命，他的分析相當繁雜，在此無必要詳細介紹，但他最重要的辯詞是，革命是用武力流血的方式去改舊制，舊制雖不好，至少人們可以了解目前的生活情形，而革命之後，人們所面臨的是 Uncertainty 不確定的未知數，誰又能在未知數前保證革命後一定比以前好呢？所以在成本與可能效益衡量下，革命所付的代價實在太大了。

第四節　現代化（Modernization）

一位哲人曾說過：「人類所有決定和行爲均取決於保持（Preservation）和改變（Change）之範疇中。」確實，當決定保持時是怕變得更壞，當決定改變時是希望變得更好。所以不管人類做或不做均是在求好心態上決定的。然而有一點是很清楚的，那就是傳統社會重保持，現代社會重改變。其原因乃是傳統社會一方面對未來有高度恐懼感，另一原因乃是傳統社會受到外界和內裡的衝擊很小，因此把握現有的心態很強烈而重保持。現代社會看到其他先進的社會的進展和生活方式，在強烈對比下，認爲有例可援，毫無恐懼心，由於求進步、迎頭直追的心態而重改變。上面已分別介紹了改革與革命，這裡將介紹現在各國最流行「改變」的方式──現代化。

一、何謂現代化？

現代化的研究也是近代的潮流，是起源於西方，因爲西方學者對此人類之現象先著手研究，所以主觀立場很濃厚，被批評爲西化（Westernization）。西方社會在工業革命後才較富有和先進，又被稱爲工業化（Industralization），因大部分西方國家集中在歐洲，所以又

有了歐化（Europeanization）這名詞。由於近年來多方深入研究現代化現象，這些有失偏差的説法已漸漸失去意義而不被人所重視，今天一般來説已把現代化視爲一發展過程，不限於地區，也不限於人類生活之特定層面，它是全面的發展過程。

在研究現代化各種理論中，最簡單易懂的是 Black 教授所提出的，「現代化」是當一社會理性的運用其人力和物力（資源），力求達到現代社會的過程❾。因此要了解現代化過程，首先要了解現代社會的層面是什麼？其和傳統社會又有何不同？按現代化理論家們的看法，對任何社會之研究可以就下面五種人類層面爲對象：政治、經濟、社會、倫理（文化）和知識❿。傳統社會就上述五類層面來説有其特性⓫，現代社會就上述五種層面來説，也有其特性，現比較如下：

	傳統社會	現代社會
政治方面	政治權力分散在地方 傳統性權威主控一切 決策是由上而下 權威的合法性來自傳統因素 政策是由統治者一人決定	政治權力集中 傳統性權威減弱 人民參政層次升高 政府權力來自於民 政策選擇來自社會
經濟方面	經濟以農業爲主 人民無儲蓄投資習慣 國民所得很低 無對外貿易的機會	農業人口減少 人民儲蓄及投資增加 國民所得增高 對外貿易增加 工業、服務業人數增加

---

❾C. E. Black, *The Dynamic of Modernization*, Harper & Row, New York, 1966.
同時可參閲由麻省理工學院在一九六〇年代所成立研究新興國家現代化小組以 Welch 爲名出的 *Political Modernization* 一書。
❿參閲 Black。
⓫在 Black 書中著者分析比較傳統和現代社會之特性。

	傳統社會	現代社會
社會方面	大家族制 特權觀念深，平等觀念淺 農村生活爲主 人際關係重視 階級觀念深	小家庭取代大家族 平等觀念加深 城市生活取代農村生活 人際關係淡化 法律關係强化
倫理方面	重家族，重團體 倫理觀念深 地方觀念 重感情	重個人權益(人權觀念加重) 法律觀念加深 國際觀念 重理智
知識方面	迷信，宗教受重視 科技的運用有限 文盲比例高	科學取代迷信爲知識之基礎 科技的運用廣泛 教育程度提升 文盲人數大減

由上面的對比，現代化乃是傳統社會將其人力、物力用在五種層面上力求達到現代社會價值標準的變遷過程，如此的解說，可補西化和歐化以及工業化的不足[12]。因爲即使走在前面的西方國家、歐洲國家和其他工業國家仍然在向更現代社會前進。

由上面分析可以看出現代化是社會作全面整體的變遷，和革命不同的是前者採和平方式，後者是武力暴力方式，和革命相同之處是兩者均是全方位的變遷。

現代化最重要的一環是倫理現代化。

現代化包括了政治、經濟、社會、知識，和倫理，作者認爲倫理現代化是最重要的項目。不同社會將重點放在不同層面上，有的是以經濟起家，有的是靠政治改革爲先鋒，不論重點與先後是放在那層面上，最後要享受到現代化的結果，一定要靠倫理現代化。試想經濟、政治、社

[12]西化和歐化均範圍過狹，研究現代化的學者大致同意此看法，在一次座談會上何懷碩先生並提出美國化的觀點，見幼獅文化事業公司，一九八五年。

會、知識發展得太快，心理建設跟不上其他的發展，結果是倫理失調而造成危機，造成失序，其陣痛將超過現代化帶給人們之益處。

今天的中國（包括中國大陸和臺灣）均在積極的追求現代化，然而給人一種「亂」和無秩序的感受。社會秩序是社會安定、政治穩定的基石，沒有秩序人們無法享受到現代化之成果。秩序可分爲廣義和狹義兩種，廣義秩序乃是指在政治上、經濟上、社會上、倫理文化上均有被大衆接受且遵行的規範，有一套約定俗成的規則（該規則可能來自法律或禮教），其成員在社會化的教育下，認爲有責任去遵守，如此各人均按牌理出牌，其結果是整個社會有條不紊；而狹義的秩序乃是指人們守法的情形。

我們如果進一步的觀察和研究，我們不難發現西方所謂先進社會中，可能在狹義秩序上產生問題(犯罪率日高)，但在其他層面上均順序而行，例如美國，政治權力透過公平公開競選下以投票來決定（幾乎沒有暴力和賄選），經濟方面按資本主義原則──私有企業、自由競爭下決定財富的分配，社會上重個人權益、重平等觀念，法律上重平等、重憲法的維護，倫理上則受到上述層面的影響而强調民主、法治、個人主義等理念作爲他們與人相處和人際關係的規範。因此以整體來看，社會各式行爲均有序可循，雖在重衝突概念下生活，社會未失序，一點不亂。

再看我們今天的臺灣，在政治方面，爲爭權爲爭利而走上街頭，在議會、在選舉均有違法失序的事件，在經濟快速成長下，很多商人不但不守法更不遵守商業道德，其結果是商場信用全無。再看社會層面，在民主化、經濟自由化、社會多元化下，社會結構也受到影響，不但家庭發生了問題（離婚率可以和西方國家比美），社會平等觀念强化，結果是過去認爲被壓制的社會單元均紛紛爭取其權益，女權、少數民族、學生均採取抗爭之手段，這也是失序。最嚴重的是道德觀念淡化，法律觀念尚未建立，社會上違紀、亂倫、犯罪之事層出不窮，整個社會面臨失

序、失控的危機。

二、打破傳統社會的動力 (Forces)

任何社會均在改變，祇是速度和層面不同而已。現代社會變得快，而傳統社會則用很穩、很慢的腳步在走，所以變得很緩慢。其緩慢改變的原因，一方面觀念上重保守，另一原因是在缺乏科技農業生活中，也不需要改，因此很多傳統社會維持了他們傳統之制度，社會倫理、生活方式幾千幾百年之久，變化非常慢和少。然而當傳統社會接觸到外力後，突然在各種壓力及無法抗拒的力量下，放棄了他們之傳統而接受現代的洗禮，走向現代化。

因此我們可知打破傳統社會的力量不是內力而是外來侵襲 (Intrusion) 的力量，用「侵襲」兩字表示外力是不請自來的。作者綜合傳統社會所經歷的命運而以「Three M」理論來說明外力之入侵，Three M 所代表的是 Missionary 傳教士、Merchants 外國商人、Military 外國軍力，下面要討論這三種力量對傳統社會的影響。

㈠傳教士 (Missionary)

我先不去管傳教士的用心，是救世救人或為殖民國家找資源，重要的是傳教士對傳統社會之衝擊。事實上每個傳統社會均有他們的信仰制度 (Belief system)，傳統社會所信仰的也影響到他們的政治、經濟、社會以及他們的信念。上文提到傳統社會政治重威權、社會重階級 (沒有平等觀念) 等等，當西方傳教士傳其教義時，第一件事就是打破傳統階級、權威觀念，因為西方宗教認為在上帝之前人人有罪，既然人人有罪，人人就應平等，這是西方平等觀念導源之一。因此觀念，傳統社會裡的人就會對在上位的酋長、族長，甚至父母的地位和特權有了懷疑和抗爭，階級觀念、威權觀念正是維持傳統社會的工具，沒有了它們，傳統社會就無法繼續下去。

一定有人會問，傳教士爲什麼那麼有影響力呢？說說就可以打破歷史如此久的社會制度、生活方式嗎？傳教士除了帶給當地居民宗教外，也帶來兩有力的工具：醫藥和教育（大部分傳教士懂醫術），西方醫藥根據科學，尤其在某些疾病上非常有效，所以醫藥往往是打開傳統社會大門的鑰匙，而且傳教士也帶來西方教育的内涵。同樣的對比下，如果西方的醫藥、教育比當地的要好、要強，當然西方之宗教也比地方信仰制度來得好、來得強，由此誘惑力，傳統社會信仰制度慢慢的被瓦解。

㈡外國商人（Merchants）

商人爲利走遍天下，有時商人走在傳教士之前面，有時走在傳教士後頭，總之，商人和傳教士互通音訊是一定有的。商人帶給當地人的是商品，商人要的是當地的資源。西方由於受到科學和工業影響，其產品質量較好，人是習慣之動物，有了較好的產品就不願再回頭用差的產品，以最簡單例子來說明此心態，西方人到非洲帶給當地土人鋼刀利鋸，土人怎會再想用石刀石斧呢！正如有了機車、汽車的臺灣，誰還會要腳踏車、人力車、三輪車呢！在如此壓力下，當地經濟制度受到外來的影響甚巨，過去自給自足簡單的生活已是歷史，換來的是依靠外來貿易的經濟生活，很明顯的傳統社會已無法滿足當地人之慾望與需求，傳統社會也走上不能回頭之路。

商人帶給當地人產品，產品的背後是科技、是貿易、是投資的新觀念，傳統經濟在無法抗爭下，祇好接受西方的做法。

㈢軍力（Military）

傳統社會有其政治、經濟、社會之組織和架構，在上述二力衝擊下往往很快潰退下來，而接受外來的影響。但也有些社會，其傳統力量很強，暫時在統治者和既得利益者全力抗爭下可以向西方力量抗衡一段時間，過去日本和中國均有這種經驗，而採「閉關自守」的政策來排夷和拒夷。由於西方在利慾薰心下，採用軍力來達到他們傳教和經商貿易的

目的，在所謂「門戶開放」政策下（Open door policy），你不開門，我來開你門，大軍壓境，或交戰一場後，西方砲堅兵利，大獲全勝，結果簽下不平等條約，祇好開大門迎進外來的影響。

軍事戰爭帶給當地人什麼樣之衝擊呢？第一是喪失自尊和自信心，在未戰之前當地人可能尚有其自尊（中國人一向自大，稱外人為蠻夷之人），但被打得潰不成軍之後，以前那種自尊、自信之心完全喪失。第二，責怪傳統之落後無能，在被打敗檢討後，認為傳統的各式制度均太落後（更包括軍備和軍隊的訓練等），因此要求政府改革。第三是崇洋心理加強，當地人在自責之後，認為要迎頭趕上祇有學人家，崇洋心理遍及各地，這在我國也是如此，所謂以夷制夷，學人家的才是辦法。由於這種心態和歷程下，傳統社會已不能再關閉下去，現代化是唯一的可走路。

三、對現代化應具有的了解和態度

現代化是變遷的一種，它是和平，它是快速，也是全方位的改變，是一種改變的過程，沒有終點線，也沒有結束的日期，即使走在前面的現代國家還是經歷現代化的過程，動態和無終點站是現代化之特性。

現代化帶給人類的是方便，而不一定帶給人類更幸福的生活。物質上在現代化追求中確實是進步的，不但質量改善了，而且人們也更富裕，以我國為例，一九五〇年代的生活方式和一九九〇年代的生活方式是完全不一樣了，不論衣、食、住、行、育、樂，均有很大的改變，尤其平均年齡由六十幾歲增加到七十幾歲。但現代的人是否更幸福呢？這是價值觀念問題，不是容易回答的，我們必須認清現代人不一定比傳統的人更幸福。

在現代化層次中，政治現代化、經濟現代化、社會現代化均改變了人類之生活方式，當然重要，但最重要的則是倫理現代化，因為倫理是人類一切做人處事之規則，當其他社會上層面腳步走得太快，而倫理現

代化則走得太慢，跟不上現代化腳步的話，社會就會失序，人們就無法
享受到其他現代化層面所帶給人類之成果，有時很多學者認爲，現代化
確實帶給我們很多方便，但同樣帶來了陣痛，如果陣痛太長太厲害，我
們該問，代價是否付得太高了些？

重要問題

一、爲何在歷史上改革成功的實例不多？

二、改革者在決定革新時有那些選擇？並説明各選擇之利弊。

三、革命和政變有何區別？試述革命必經之重要過程。

四、革命成功的要素是什麽？詳述之。

五、以本章討論的内容，試述革命的利弊。

六、何謂現代化？

七、什麽是打破傳統社會的動力？（Three M Theory）

八、試述現代人對現代化應具有的態度。

參考書目

Black, C. E., *The Dynamic of Modernization*, Harper & Row, New York, 1966.

Goldstone, Jack A., ed., *Revolutions: Theoretical, Comparative, and Historical Studies*, San Diego, CA: Harcourt Brace Jovanovich, 1986.

Greene, Thomas H., *Comparative Revolutionary Movements: Search for Theory and Justice*, 3rd ed., Englewood Cliffs, NJ: Prentice-Hall, 1990.

Huntington, Samuel P., *Political Order in Changing Societies*, New Haven, CT: Yale University Press, 1968.

Johnson, Chalmers, *Revolutionary Change*, Boston: Little Brown, 1966.

Keller, Edmond J., *Revolutionary Ethiopia: From Empire to People's Republic*, Bloomington: Indiana University Press, 1989.

Kristoff, Nicholas D., "How the Hardliners Won", *New York Times Magazine*, 12 Nov., 1989.

Merk L., Peter H., ed., *Political Violence and Terror: Matifs and Motivations*, Berkeley: University of California Press, 1986.

Schama, Simon, *Citizens: A Chronicle of the French Revolution*, New York: Knopf, 1989.

第十五章　領導學
（Leadership）

學習目標

民主架構下領導學的重要性

領導學有關的觀念

領導者的職責

領導者可能具備的一些優厚條件

前　言

　　領導與統御並非是一門新的學問，自古到今很多哲學家和社會科學家均爲此主題大做過文章，西方哲聖柏拉圖的哲君論（Philosopher-King），和義大利最具盛名的馬基凡里之君王論（Prince）最爲有名，我國儒家、法家也對上位的領導者訂下崇高的條件與標準。人是政治動物，在羣體中一定有權力分配、權力運用之現象，其結果一定有治人與被治者之劃分，前者是少數的領導者，後者爲多數的跟隨者（或稱下屬），在民主架構下的團體則用成員較爲恰當。

　　傳統社會裡領導者與跟隨者之間的關係是根據倫理和習俗，認定既然過去從屬關係是如此，現在也該如此，將來也會如此。這種上下不平等之關係往往以「命」來解釋，進而無太多理由去研究。然而在民主架構的團體，領導者之地位、權力不再是本著傳統的理由，而是來自其成員（構成分子），例如商會會長是由商會成員選出。民主政治理念下，縣、市，甚至國家主政的總統和首相均是由人民直接或間接選出。正因如此，兩者從屬關係不似傳統社會那樣單純，領導者要具備一些重要性格（先天和後天的條件），更要培養出一些有效的領導方式。領導者之才能、領導方式和其與跟隨者之關係影響到團體之成敗。在西方，尤其在美國，領導學已漸漸發展成一門重要的課題。

第一節　民主理念下領導學之重要性

　　當我年輕在臺灣讀高中、受大學教育時，每年雙十國慶均要參加慶典遊行，在大熱天下排隊去總統府前廣場，一站就是好幾小時恭聽總統訓詞，方言調子很重的總統在他唸講稿時，雖然大部分民衆聽不懂，但

均不敢有怨言，我也是一樣，舞大旗，高呼口號。三十年後我坐在美國家中電視機前，聽美國總統柯林頓告全國同胞書，聽了幾句覺得他言中無物，了無新意，我就一按遙控改看美國籃球大賽。由上述二實例引發出兩種領導之理論與方式，前者屬於傳統領導，以地位來決定從屬關係，總統位高權大，做國民的就要尊敬他，而後者是民主式的領導，基本上來說領導者與其成員在地位上是平等的，柯林頓雖身爲總統，如他要想人民聽他的、信他的，就得表現出其領導才能。在本節中我將介紹民主架構下領導的特性。

民主一、重個人權益，二、重個人平等，三、重多數決，居領導地位的決策者其權力、地位來自於民。正因爲此，領導者之成敗取決於是否可獲得成員之支持與合作，要想繼續領導，決策者就得不斷表現其才能，如領導無方，領導者往往會喪失其位置。由此可見，「領導」不再是領導者一方的事，而是領導者與其成員共同之事，兩者屬於團隊（Team Work）關係是民主理念下領導的特色。

在談到領導的職責與條件之前，首先要澄清一些有關領導似是而非的觀念：

一、誤認領導才能是天生俱來，而否定後天學習經歷之重要。在君權、神權理論下總認爲上位的是天生有才，因此他應該治人做領導者，同時被治的也是命該如此，這種觀念也擴張到其他從屬關係，在如此理論下一切歸於天生而否定後天對領導才能的重要性。這種理論當然有失偏差，我們當然不能否認有些性格是天生的，但我們更不能否認有些條件和領導方式是可以學習培養的，生而知之者不能說沒有，但絕大多數是學而知之的。

二、誤認「地位」與「權勢」爲領導之先決條件。認爲有了地位就有權，有了權即可領導。當然我們不得不承認，領導者一定有某些權力，但同時我們要認清，有權有勢的不一定有領導能力，例如查稅的，有權

來查你的稅，但並不代表他有領導能力。同樣的，老師有權教學生、考學生，也不代表所有老師均可把一班帶好。歷史上劉備之子阿斗，雖然繼承了他父親的地位，但欠缺他父親領導的才能，結果被稱爲扶不起的阿斗，因此地位與領導實不能混淆不清。

三、誤認領導之成敗爲領導者一方之事。傳統社會中的觀念認爲團體之成敗在領導者領導有方和無方，常常以羣龍無首來形容領導無方的決策者。在民主架構下，領導者與成員在關係上有了改變，領導者之才能固然重要，成員之素質、心態以及是否可以被領導也甚爲重要，領導成爲團隊之事而不再是領導一方之事。

四、一些學者主張領導學和其他學科一樣，可以找出理論實用在超空間、超時間的領域裡。這些學者很明顯不了解領導的性質，民主理念下的團體，領導者是否成功和團體成員之素質、所處的環境，以及當時的文化背景均息息相關。黑社會的龍頭老大、學校的校長、軍隊的將領以及企業界的企業家，雖然都是領導人物，其領導的藝術、方式一定不同。例如英國名首相邱吉爾、美國開國總統華盛頓、印度主張非武力的甘地、我國的國父孫中山先生，在歷史上均是成功的領袖，但進一步分析，他們相異之處一定遠超過相同之點，因此主張有超時間、超空間領導理論是行不通的。

五、有一些學者，尤其是在美國研究領導學的，他們患有杞人憂天的毛病，而提出一代不如一代的理論，認爲過去有不少英明的領導者，而今天愈來愈難找到出色的領導人物，而提出領導危機論（Leadership Crisis）。危機不祇是在政治界，甚至在教育界、在企業界、在醫學、法學等等，甚至於他們怪美國今日之蕭條落後在於領導者素質的減退。當然我們不得不承認美國失去競爭力是歸罪於其領導者之才能，但尚有其他因素存在，我個人認爲一代均有一代的領導人物，比較不同時代、不同環境下的領導者是不公平的，也無多大作用。

第二節 領導者之職責

有了明確的領導學的觀念，這節我們來討論領導者的職責。理論上來說，領導者最重要的職責是謀其團體之福祉，然而一團體之福祉究竟是什麼？應由何人來決定？採何種方式去達到？均是值得研究的問題，本節的重點為提出一般領導者應盡力去做到的責任。

一、找出團體追求的目標：一團體無特定的目標，就如同航行在大海的船無終點港口。在過去傳統社會裡，決策者往往主觀的為其團體定下目標，在民主政治體系中，領導者要順應民意，在大眾支持的論點上找出共同的目標，此責任非常重要，否則決定後無法獲得成員之合作與支持。

二、如何引發成員積極奮發的精神：人的性格是較固定的，人之精神則是可以影響的，我們常常說「士氣」高昂，或「士氣」低落消沉。成員的士氣、情緒最易受到領導者的引發，二次大戰初期，英國全國軍民士氣不振，其首相邱吉爾一篇不朽的講演激發了軍民之士氣，結果將德軍打得節節後退。甚至美國 NBA 籃球大賽時，教練為了激起隊員的士氣而故意做出一些動作被裁判判技術犯規，結果球員士氣大振。沒有士氣的隊必輸球，沒有積極奮發的成員，該團體也會一蹶不振。

三、領導者要強調倫理道德：倫理道德使領導者與成員感到是站在「正義」、「對」的一邊，因此理直氣壯。試看歷史上的英明領袖，林肯、甘地、中山先生均強調倫理道德與正義，因此後代對他們尊敬；相反的，史達林、希特勒、秦始皇，在某些層面他們也是有效的領袖，然而他們破壞倫理、反人性，其結果是遭受世人唾棄而留臭千古，祇重目的而不擇手段的領導者終將失敗的。

四、促進內部團結：團結才有力量，內部如果為私利而組成朋黨派

系，互相爭權，其結果是不堪設想。結朋結黨是自然現象，爲了內部精誠合作，領導者有責任做到公平、公開，要不時的提醒成員團結之重要。

五、領導者對外代表團體：領導者是團體的決策者，國家有元首，學校有校長，一家有家長，國家、學校、家的形象往往和領導者之所作所爲有牢不可破的關係。我國古代那句老話，大樑正，房子就不會垮。

六、要能適度應變：領導者爲了愛惜其成就名譽，往往走保守的路線，然而世上沒有永遠不變的事，當主觀、客觀環境改變時，守成不足跟上改變的腳步，領導者要有智慧對其政策作適當之調整。尤其遇到緊急、突變的狀況，更要有勇氣冒些風險，沒有冒險犯難的精神，不足成大事。

七、領導者要建立威信：權力使領導者有威，做得公平無私使他有信，「威」服人於行爲，「信」服人於內心。在民主架構下，信更重於威，因此領導者不宜用「命令式」來領導，應用溝通式更爲有效，溝通使人心服，心服則人願意作最大的犧牲。

上面所提的乃是領導者的金科玉律，是決策者應努力的方向。下一節要討論領導者可能具備的優厚條件，而這些條件有些是天生的，也有些是鍛練而來。

第三節　領導者應具備的條件

既然無法定出一可以適用在任何情況下領導者之性格與條件，至少我們可以歸納出一些成功領導者可能具備的正面條件。

一、成功的領導者往往具有過人的體力與精力

領導人物通常體力、精力充沛，這可能是先天的，也可能在權重責任大的壓力下領導者不得不提起精神去辦事，很明顯的是如果體弱、精

神不繼，則很難獲得成員之支持。

二、判斷力強是成功領導者的重要條件

所謂英明的領導者不僅要解決面臨的困擾與問題，更要有遠慮，要對未來作更有利的安排，判斷力一定要強，例如中國大陸人口政策之失敗即為其決策者判斷錯誤之證明。

三、成功的領導者有擔當責任的勇氣

民主政治本為責任政治，決策者要能承擔決策的後果，按此原則，在民主架構下任何團體之領導者均應養成此條件，最差的領導者是祇享成功，而將失敗歸罪其屬下，如此領導將失去人心。

四、成功的領導者是屬於效率特強的人

他不但要求自己講效率，也要求其部屬如此，散漫的領導者不會是成功的、好的領導者。

五、成功的領導者一定是知人善任，且很容易與成員相處

領導者決策後需要成員忠誠的去執行，執行時人才選擇則非常重要，選對了人則事半功倍。任何團體如籃球隊一般，好的教練能用其球員之特長，中鋒、前鋒、後衛以及控球員均各有所長，如此配合才是贏的球隊。同時領導者要平易可處，如此方可獲得成員之愛護與尊重。

六、成功的領導者是信心十足的人

對自己沒有信心，誰會對你有信心？優柔寡斷的決策者不會受到成員之尊重。自信異於自大，自信乃是領導者在知己知彼下作的決定，所

以對未來充滿信心；自大是自我膨脹，不是理智的，而是情緒的，往往導致反效果。

七、領導者要能按其團體之性質、所處環境而調整其領導之方式

黑社會的龍頭老大、立法院之院長均是領導人物，其領導方式則迥然不同。領導者要了解其成員，要了解團體之性質，更要了解其所處的環境，然後選出適當的方式。義大利名哲學家馬基凡里曾說過，開國需要某種領導人物，治國則需要另一類型領導者。

重要問題

一、試述領導在民主架構的團體之重要性。

二、領導學有關的一些似是而非的觀念是些什麼？討論之。

三、領導者有那些重要的職責？詳細討論之。

四、成功的領導人物有那些可能的正面條件？

參考書目

Bass, B. M. Stoydill's, *Handbook of Leadership*, New York: Free Press, 1981.

Burns, James MacGregor, *Leadership*, New York: Harper & Row, 1978.

Drucker, Peter F., *The Effective Executive*, New York: Harper & Row, 1966.

Fiedler, F. E., *A Theory of Leadership Effectiveness*, New York: McGraw-Hill, 1967.

Gardner, John W., *Self-Renewal*, New York: W. W. Norton, 1981.

——, *Execellence*, rev. ed., New York: W. W. Norton, 1984.

Gronin, Thomas E., *Chronicle of Higher Education*, Feb. 1, 1989.

Hollander, Edwin P., *Leadership Dynamics: A Practical Guide to Effective Relationships*, New York: Free Press, 1978.

Greenleaf, Robert K., *The Servant as Leader*, Peterborough, N. H.: Center for Applied Science, 1973.

Hook, Sidney, *The Hero in History*, Boston: Beacon Press, 1955.

Machiavelli, Niccolo, *The Prince*, New York: New American Library, 1952.

Pfeffer, Jeffery, "The Ambiguity of Leadership", in *Leadership: Where Else Can We Go?* ed. Morgan W. McCall, Jr., and Michael Lombardo, Durham, NC: Duke University Press, 1978.

Tucker, Robert C., "The Theory of Charismatic Leadership", *Daedalus*, Summer, 1968.

Wilson, Woodrow, *Leaders of Man*, Princeton: Princeton University Press, 1952.

第十六章　人　權

(Human Rights)

學習目標

人權與幸福兩觀念的關係
政治與人權的關係
意識型態與人權的關係
美國憲法對人權保障
人權與政治結構

前　言

在多次國際會議後，「人權」已被列爲國際社會共同努力的目標。人權之來源有不同的學術理論，西方講「天賦人權」，共產國家則講「革命人權」❶。中山先生則不講人權之來源，而用民權和民生來爲人權定位。作者認爲假如政治是管衆人之事，是管理人民幸福之事，而幸福則是經濟上的安全感和政治層面的自由的平衡安排，經濟上安全爲經濟人權，政治上的自由保障爲政治人權，所以我們可以爲中山先生下的「政治」定義重新定位，即政治是政府管理衆人「人權之事」。

這一章我們要談政治與人權的關係，在不同意識型態下的政府對人權之理論與實踐，尤其重點放在美國對人權保障之理論與做法。在本章中也要介紹最近國際上對人權保障所做的努力與目標。

第一節　概說：人權（Human Rights）

美國憲法中有句名言「人有追求……和幸福的權利」，究竟幸福是代表什麼，則沒有解釋。事實上幸福是個人主觀的價值觀，每一社會對它亦有不同的看法，即使在同一社會中對幸福各人也有各人之主見。大原則上我們可由文化面看出某一社會對人權強調的重點，例如在西方民主國家，人權重點放在政治和法律層面，而在共產國家，人權則放在經濟、社會層面。再用一位哲學家理論談人權，我們會感到對人權定位的困難，霍布斯（Hobbes）用森林（Jungle）和鳥籠（Cage）來解釋人

❶ 「天賦人權」的立論爲人的若干權利是與生俱來的，在西方十八世紀時興起，而「革命人權」則是參加革命或支持革命理念的人才能享有若干權利，共產主義的信徒常用此名詞來爲其違反人權暴行作藉口。

類面臨的困擾。在森林中，很自由，沒有安全；在籠中，很安全，無自由。他的結論則是當人在自由與安全兩目標選擇時，人會選後者，亦即安全比自由重要❷。而歷史經驗告訴我們，往往人會爲自由而死。法國大革命那句口號「不自由毋寧死」否決了霍布斯極端的看法。較保險的看法是人所追求的是物質安全和個人自由，而政治可定位爲政府在安全與自由之間的合理安排。用人權眼光來看，政治則是政府對經濟人權與政治人權所作的合理安排。

　　表面上來看，我們生活在相當重視人權的時代，不但各國憲法對人民權利有明確之保障❸，甚至國際協約中，也對人權有明顯的重視❹。人權之重視實是近代的現象，在過去神權、君權時代，人民權益不是政府最主要的業務。國際間對人權注意乃是第二次大戰以後的事，聯合國憲章首次將人權保障列入其中❺。一直到一九四八年聯合國大會才編定了國際人權宣言（Universal Declaration of Human Rights），在宣言中細列人權之涵義❻。一直到近年來聯合國人權小組（Human Rights Committee）成立後，針對各國違反人權引起國際責任問題，於一九九

---

❷參閱 Thomas Hobbes 的契約論。

❸參閱各國憲法編彙。尤其應比較美國和法國對人權保障在憲法中的規定，更令人吃驚的是共產國家中的憲法也列有與西方國家對人權保障相似的條文。

❹*The Universal Declaration of Human Rights*, approved by United Nations on Dec. 10, 1948. 同時請參考 *International Convention on Civil and Political Rights*, General Assembly of the U.N., Dec. 16, 1966, 和 *International Convention on Economic, Social and Cultural Rights*, General Assembly of the U.N., Dec. 16, 1966.

❺請看聯合國憲章之引言。

❻該宣言一共有 30 條，包括了個人政治、社會、經濟各項目並要全體會員國和人民作爲標準。請看 *Universal Declaration of Human Rights*, General Assembly, Dec. 10, 1948.

三年聯合國在維也納召開世界人權大會❼, 全世界的非政府組織
（NGOs）也在維也納召開人權會議唱對臺❽。除了聯合國作全球的人
權規劃, 地區性和非政府性的人權組織也漸漸盛行, 例如歐洲人權協定
（European Convention on Human Rights）❾, 另外一些私人組織如
國際特赦組織（Amnesty International）、國際人權協會（International
League for Human Rights）也從事揭發報導違反人權事件的國家❿。

　　雖然各國憲法對人權有保障, 國際間對人權亦有公約和宣言, 而事
實上違反人權的事件却層出不窮, 無改善之跡象。舉如在南非、越南、
阿富汗、伊朗、古巴、中共、柬浦寨等, 甚至違反人權事件也同樣發生
在民主歐洲國家中, 例如最近被聯合國人權協會指控的德國, 謂在該國
極右分子一再攻擊外僑事件違反了人權保障規定⓫。

　　爲何在人權運動高漲的時代, 還有那麼多國家一而再的違背人權
呢？作者提出下面的三大原因作爲參考:

　　一、國際社會上尚無有效的機構和方法來對違反人權的國家加以有
效的制裁（這一點在第十八章國際法與國際社會會説明）;

　　二、我們所生活的時代仍屬於强化國家主義時代, 尚未進入國際和

---

❼聯合國的世界人權會議在 1993 年 6 月 9 日到 25 日在維也納召開, 各國代表近四
　千五百多人出席, 其中包括了許多國之外長與元首, 最令人失望的是美國柯林頓
　總統因事未克出席, 奇怪的則是古巴外長却出席了此次會議。
❽因爲非政府組織之代表未被聯合國的世界人權會議之大會邀請, 而自己在會場外
　開會。
❾要進一步了解該協定, 請看 G. Weil, *The European Convention on Human
　Rights*, Leiden, 1963. 也可參閱 *The Yearbook of the European Convention on
　Human Rights*, Vol. Ⅰ and Ⅱ, The Hague: Martinus Aighott, 1959.
❿關於這兩非政府人權機構之詳細介紹, 請看 Louis Henks, *International Law:
　Case and Material*, St. Paul, Minn: West Publishing, 1982.
⓫*China Post*, January 24, 1994, p. 2. 又請參考美國每年度人權報告, 例如在 1994
　年 2 月 24 日的 1993 年人權報告書中, 歐洲、非洲、中東武裝衝突是一年來人權
　被踐踏的主要原因。

世界觀的時代，每個國家仍然按自己的國家利益制定政策，很明顯人權保障不是他們最優先的項目；

三、同時我們生活在一分歧的世界裡，被宗教、被意識型態、被文化、被政治等因素分隔，因此對人權觀念也無共識。正如一位國際法權威學者所說「沒有任何一文化，或政治、法律傳統，可以用其人權觀念去申請到專利」**⓬**。

在上述三大原因中，作者認爲第二項影響最大，因爲基本上，維護人權仍然是政府的事，也是一國政府與國民之間的事。然而政府與人民之間的關係是權利義務關係，亦即憲法上要規劃的事，換句話說一國家中政治之性質，決定政府應該管什麼，所以要在憲法中決定政治遊戲的規則，如此政府與人民均了解各應扮演何角色。但有一點要說明的是，如果你祇看一國憲法對人權保障之條文而下評論，那你就太天真了些，究竟人民能享憲法上所賦予的權益，要看其政府是否有能力和決心去付諸執行。

第二節　當今憲法對人權保障之規定（以美國和共產國家為範例）

憲法是根本大法，人權之保障書，每部憲法之後一定有一特殊的政治哲理，哲理的一部分是有關人民權利保障之範圍。以美國爲例，其憲法是根據洛克（John Locke）和孟德斯鳩（Montesquieu）的理論，在他們理論下，政府應注重人民個人之自由（即政治人權），而較忽視政府對經濟人權的保障（洛克雖也重視財產權，但他的立論是政府不可剝

⓬C. Wilfred Jenks, "Human Rights, Social Justice, and Peace: The Broader Significance of the I.L.O. Experience," *Nobel Symposium* 7, p. 227.

奪人民財產，而不是指政府要提供人民財產）。當時美國移民接受他們
的理論乃是那時美國環境頗合理論之精神，移民們離開英國是逃避暴政，
是追求自由，而美國地大物博，自然資源豐富，只要個人有自由，他們
可運用政府保障他們的自由去追求個人物質上的安全。因為在那種情形
下，人與人之間之競爭較小，所以美國將新大陸視為機會之地（Land
of opportunity），競爭小，成功希望就大。所以在他們憲法中強調個人
自由權益之保障，而没提個人安全之保障（有關經濟方面）。

　　但看兩百年後的美國，人口增加了四十倍以上❸，自然資源已消耗
殆盡，而且其他國家迎頭趕上（日本、歐洲的德國、亞洲四小龍），使
美國競爭力減低。雖然憲法仍然保障其人民自由權益，但成功比率愈來
愈小，美國已不是以前的自由之地（Land of free）和機會之地了。很
多美國人在目前憲法安排下已無法獲得足夠維生的經濟保障，據報導美
國至少有四分之一的人没有醫藥保險，目前美國有近四百萬無家可歸之
人（Homeless），美國五分之一的小孩生活在貧民標準之下，在如此情
形下，以往認為是個人自己之事（保險、房屋、教育等等），現在則不
得不要求政府來提供（美國柯林頓總統就是以建立全民保險為承諾而獲
得大選勝利）。美國之美夢成為惡夢，因此近年來美國憲法學者要求修憲，
使政府對人民人權有較合理的安排。

　　再看社會主義國家的憲法，條文上大都對人權有相當的保障，事實
上是有名無實的（可參閱蘇聯、中共的憲法），在政治人權上（各項保
障個人自由的，例如宗教、集會結社、言論自由等），人民享受到很少
的保障，倒是經濟人權方面（物質上）還比較注重一些。以中共來說，
房租很少，糧食也有配給，醫藥也提供（千萬不要拿西方水準來比），
但大家一樣倒也合乎社會主義平等觀念。在上文中，作者對幸福下定義

---

❸美國目前的人口已超過二億五千萬。

時指出，至少它包括個人安全與個人自由兩項，社會主義下的政治頗和霍布斯籠子理論相符。近年來，在西方民主的影響下，東歐國家和蘇聯均先後崩潰了，新成立的政府不得不注意到以往一直被忽略的政治人權。

由上面的分析，我們可以明顯的看出，過去兩大政治意識型態：西方的民主，和共產（社會主義也包括在內）均無法提供人權之合理安排。民主政治意識型態太注重政治人權，忽視經濟人權，而共產主義意識型態則太強調經濟人權，以致政治人權不彰，均產生了偏差。

本書作者願以中山先生民權和民生主義哲理來解釋其對人權的新安排理論。

第三節　中山學說對人權之新解

三民主義（民族、民權、民生）是中山先生創出的政治哲理，其民族主義是爭取中國在世界上的平等地位，而其民權、民生主義是涉及到人權的問題。民權主義的內涵是有關人民政治、法律上的權，即政治人權。民生主義內涵則是經濟上衣、食、住、行、育、樂，即經濟人權。而中山先生一再強調，三民主義是救國主義，其目的即是以民權、民生主義之實施，使中國人更富有、更自由，因此更幸福❶。

在本書第四章第三節中討論意識型態時，我曾介紹了中山先生民權的觀念，所以在此不需重複，要提的是中山先生的民權思想應為民主意識型態的一種（中山先生認為是改進了西方的民主觀念），其改進的地方是⑴不強調個人自由：他認為中國人太過自由，但他並未反對人們應享有基本的政治人權（政權），有了政權當然人們可以決定自己可以享

---

❶請參閱作者在 *Sun Yat-Sen's Doctrine in the Modern World* 一書中有關民權主義、民生主義與人權分析之一章。*Sun Yat-Sen's Doctrine in the Modern World*, edited by Chu-Yuan Cheng, Westview Press, 1989.

有多少自由的權利，包括言論、宗教、居住、行動、集會結社等等。(2)在機會平等原則下，強調服務人生觀，因爲在西方民主觀念下，祇重個人，祇重平等，所以在公平競爭下，一定造成社會上的不平等（成就的不平等）。中山先生重視國家、社會、羣體大眾的利益，因此才想出服務人的生觀來拉近窮富的差距。我們應該了解的是，服務人生觀絕不是強迫的平均分配（這是共產、社會主義的想法、做法），而是自願的。可說中山先生的民權主義是針對政治人權提出的方案。

　　中山先生之民生主義則是面對中國「窮」而提出的，窮就是說中國人經濟人權有了問題。經濟人權包括人的「物質」生活，衣食住行育樂一切可以使人物質生活達到滿足而感到安全。因爲中國人口太多，資源又不是那麼豐盛，因此在自由競爭下，一定很多人無法滿足其經濟人權之維護，所以中山先生希望透過所謂「強有力」之政府來爲人民解決物質人權，這和西方民主觀念完全不同。美國憲法祇強調政治人權之保障，而不保障個人經濟人權，認爲物質安全是你個人自己的事，很明顯中山先生反對這種安排，他強調人民有權向政府要求保障他們的經濟生活，這說明中山先生不但了解人所追求的幸福實包含自由（政治人權）、安全（經濟人權）的內涵，而且將保障人權之責任加在政府身上。今天世界的趨勢是過去祇重視政治人權，忽略經濟人權的西方國家轉向強調經濟政策（例如美國也談全民醫藥保險，也談社會救濟等經濟人權之問題），而過去重視經濟人權（重分配）而完全不顧政治人權（個人自由）的共產、社會主義國家也不得不在強大壓力下重視政治人權，這是世界潮流，巧的是中山先生在百年前就提出了解決之道。很可惜的是國內爲了政治訴求，而未好好研究如此高深智慧的結晶。

第四節　人權保障與政府結構之間的關係

人權保障依靠憲法之安排，同時也要看政府之架構與決心，這一段要討論政府結構與人權之關係。一般來說，中央集權的政府在行政效率上較高，因此適合在強調經濟人權的國家；同樣的，分權的國家（美國採三權分立），政府在各權互相制衡下，效率一定差，效率差則人民自由可獲得好的保障，因此分權適合於重政治人權之國家，現在以美國三權分立和我國五權憲法來說明。

一、三權分立對人權保障之影響

三權分立是將立法、司法、行政權授給三獨立的機構，立法權交給國會、行政權授予總統、司法權給予聯邦司法機關，各個獨立行事，互相制衡，其目的是防止任何一權專橫享有太多權限，如此政府花在協調的時間上很多，成為效率差的政府。效率差即做事少──管人民的事也做得少，人民所享受的是自由。上文提到二百年前美國的環境很優厚，資源多、人口少，愈自由愈能獲得個人安全。但今天的美國已大不如昔，在三權分立下，太多時間用在制衡上，政府無法迅速的制定公共政策來解決人民之需求。最好的例子是國會與行政部門整天爭來爭去，而無法通過全民保險法案，在這期間，沒有醫藥保險的人如生了病，祇有祈禱一途（沒有醫藥保險，怎有安全感呢？）。

二、五權憲法對人權保障的影響

五權憲法精神下的政府架構，應該是分工合作，不是互相制衡才對。試看中山先生的解釋，他說中國窮，要救中國就要有一強有力的政府（他用火車引擎來形容），強有力的政府是要效率高、管得多的政府，中山

先生的理論也頗合中國之環境與國情，中國人多、地貧、資源也少，如果中國人有太多自由（他雖強調民主，但不強調個人自由，在他演講中一再強調中國人太自由，是一盤散沙），則無法集中力量來救國，因此很明顯中山先生不太強調政治人權，顯而易見的是他希望建立一強有力、有效率的政府去解決人民衣食住行育樂有關之經濟人權（他曾說馬力愈大的火車跑得愈快，強有力、效率高的政府愈能為民謀取福利）。照如此分析，中山先生的五權應是分工合作、互相配合，而不是像三權分立互相制衡。試想三權分立已使美國政府效率低落，如果五權也分立，政府將如何運作呢？

第五節　國際間對人權保障所作的努力

作者雖強調人權是國內問題，但像很多問題一樣，例如環保、恐怖行為，國際上也漸漸重視並願意合作去改進。聯合國憲章中提到人權保障之重要，在一九四九年人權宣言中將人權原則公諸於世，「所有的人生來即具有自由、平等的尊嚴與權利」⓯。在一九九三年聯合國世界人權會議中（Vienna Conference on Human Rights）⓰，各國有四千五百多人出席，各國在這次會上建立下述有關人權保障之共識：

一、強調在人權公約基礎上各國已對人權有了共識，同時強調人權之世界性，

二、制定全面性的「聯合國人權綱領」，

三、在全球範圍內增進「少數民族保障」，

⓯見❹的資料來源。

⓰該會議在人權論壇第 178 期有專文報導，並對宣言有全部翻譯，1993 年 8 月 10 日出刊。

四、加強聯合國力量，在有重大侵害人權事件時，可迅速並作有效的反應，

五、強調在嚴重人權事件中的「個人負責原則」，

六、增強聯合國人權中心之職責，作為聯合國系統內有關人權問題之樞紐❼。

很遺憾的是，由於各國意識型態之相異，國家利益之分歧，因此會上有所謂集體人權與個別人權之爭執❽，印尼和中國大陸主張前者，即重視經濟人權，而西方民主國家則強調後者，即重視個人自由。不管上述之分歧意見，最後維也納宣言與行動計畫還是在閉幕之前獲得通過（Vienna Declaration and Programme of Action）❾。因為這是國際上對人權保障具體的結果，對將來人權保障之發展有密切的關係，因此有必要作進一步的介紹。其主要內容簡介如下：

人權之促進與保護乃屬國際社會之重要事務❷⓿，再度肯定聯合國憲章與世界人權宣言❷❶，更強調國家對違反人權之責任❷❷，譴責戰爭對人權所造之危害❷❸，深切地關切各種歧視與暴力以致於婦女身受其害❷❹，提倡國際合作來解決人權問題❷❺（以上重點包括在第一章中）。

再度強調民族自決原則❷❻，再度強調人權應是各政府最重要第一項

---

❼見人權論壇第 178 期。
❽見前注。
❾見前注。
❷⓿人權宣言第一章第一段。
❷❶人權宣言第一章第三段。
❷❷人權宣言第一章第三段。
❷❸人權宣言第一章第五段。
❷❹人權宣言第一章第七段之一。
❷❺人權宣言第一章第十二段。
❷❻人權宣言第二章第一節之一。

的責任❷，並要求國際合作來打擊恐怖主義❷，強調保護女性人權❷，強調少數民族的權益❸，保障原住民的權益❸，同時也要保護兒童的人權❸，難民之權益亦應保護❸。

該會議上並達成共識建議下述之工作項目：

㈠增加人權計畫上所需要的資源；

㈡強化聯合國人權中心的地位與職權；

㈢應研究下述有關人權問題：

1.各國種族歧視、仇視外人等不寬容之現象。

2.研究少數民族文化、宗教、語言。

3.土著應予研究並保護。

4.有關移民勞力問題。

5.對女性的保護。

6.世界會議強調兒童的人權。

7.要求各國儘快的簽署「對抗虐待、殘忍、不人道、污辱之待遇或懲罰條約」。

8.殘障者的權益亦要保障。

這次會議除了確認共識，提出人權保障內容，以及研究方針外，並要求聯合國秘書長在世界人權宣言第五週年慶時，邀請所有有關人權之聯合國系統內的組織，向秘書長報告此會議所做的最後決定之內容的實現成果❸。

---

❷人權宣言第二章第二節之一。
❷人權宣言第二章第八節之二。
❷人權宣言第二章第九節。
❸人權宣言第二章第十節。
❸人權宣言第二章第十一節。
❸人權宣言第二章第十二節。
❸人權宣言第二章第十二節之一。
❸參閱聯合國系統內人權的增進協同（人權論壇，第 178 期，69 頁～76 頁）。

　　我們千萬不要對此宣言抱太大的希望，此宣言和其他國際宣言一樣形式重於實質，但不管各國對此宣言將抱何種態度，至少由於這次會議，人權保障又向前跨進了一步。

重要問題

一、國際上雖重視人權保障，爲何仍然有很多違反人權的事件，其重要
　　因素何在？

二、美國對人權保障的情形。

三、中山先生對人權的安排。

四、試述人權保障與政府結構之間之關係。

五、試述近年來國際間對人權保障作的努力（請略介紹 1993 年 6 月在
　　維也納的聯合國人權會議對人權保障努力之內容）。

六、讀完此章後，你個人對人權觀念的看法。

參考書目

Bonnelly, Jack, *Universal Human Rights in Theory and Practice*, Ithaca, Cornell University Press, 1989.

Brigham, John, *Civil Liberties and American Democracy*, Washington, D.C.: Congressional Quarterly Press, 1984.

Dworkin, Ronald, *Taking Rights Seriously*, Cambridge: Harvard University Press, 1977.

European Commission on Human Rights, Stocktaking on the European Convention on Human Rights, 1984.

Farer, Tom J., ed., *Toward a Humanitarian Diplomacy: A Primer for Policy*, New York: New York University Press, 1980.

Forsythe, David P., *Human Rights and World Politics*, Lincoln: University of Nebraska Press, 1983.

Hollenbach, David, *Justice, Peace, and Human Rights*, New York: Crossroad, 1988.

Kadarky, Arpad, *Human Rights in American and Russian Political Thought*, Washington, D.C.: University Press of America, 1982.

Mourer, Glen A. J., *Human Rights and American Foreign Policy*, Westport, Conn., Greenwood Press, 1987.

Nicket, James W., *Making Sense of Human Rights*, Berkeley: University of California Press, 1987.

Shapiro, Ian., *The Evolution of Human Rights in Liberal Theory*, Cambridge: Cambridge University Press, 1986.

U. S. Department of States, *Country Reports on Human Rights Practice*, Government Printing Office, Yearly.

Tolley, Howard J., *The United Nations Commission on Human Rights*, Boulder: Westview Press, 1987.

Vincent, R. J., *Human Rights and International Relations*, Cambridge: Cambridge University Press, 1986.

第十七章　國際政治
（International Politics）

學習目標

國際政治之性質：國與國之間之競賽（Game）

國際競賽之要素與條件（Elements of Game）

國際政治之競賽者：國家（States）

國際組織（International Organizations）

國際政治之競賽目的：國家利益（National Interest）

國際政治之競賽工具：國力（National Power）

國際政治之競賽場地：競賽先決條件（Conditions of Game）

國際政治之競賽手段：外交（Diplomacy）

宣傳（Propaganda）

經濟（Economic）

戰爭（War）

國際政治之規則：國際法（International Law）

改善國際政治環境的幾項建議：

權力平衡（Balance of Powers）

集體安全制度（Collective Security System）

和平方式解決國際紛爭（Peaceful Settlement of International Disputes）

禁武（Disarmament）

國際法和國際組織（International Law & International Organizations）

前　言

　　國際政治是一門既老又新的政治學主題。自從有國家以來就有國際關係，就有人去記載去研究，國際政治作爲一門專門之學科來研究，則是二次大戰以後之事。一方面二次大戰帶給人類太大的禍害，實在有研究的必要，加上新興國家數目大增，世界由五十幾國增加到近一百八十國，而這些新舊國家，在意識型態上、利益追求上均有很大的差異，更加上近十幾年來很多問題必須依賴國際間合作，例如環保、恐怖行爲、人口之增加、糧食之不足、水源之匱缺，以及最近國際開始重視的人權保障問題，這些錯綜複雜的問題必須要其他知識來協助，例如社會學、心理學、經濟學等，這些現象和發展導使國際政治成爲一熱門的學問。

　　人的眼光總是近視的，因此一般人很少關心國際間的事。一位學者很感嘆的說過，他說：「國內問題最多祇會傷害到你，但國際爭執會殺死你」，來說明一般人對國際問題的漠視和不了解。我們生活在互相依賴的國際時代，因此我們更應廣開眼界來了解一場更重要的競賽。

第一節　概說：國際政治之性質

　　一位國際政治學者斯班流（Spanier）寫過一本書名爲「國家玩的遊戲」（*Game Nations Play*）❶，他不是指兒童玩的遊戲，他是指國與國之間的競賽，此競賽涉及到國家利益，最嚴重時會決定生與死的戰爭，所以作者也將國際政治定位爲國與國競賽的過程。既然是競賽，和其他

---

❶此書乃屬於國際政治的教科書，作者爲 Spanier, John, *Games Nations Play*, 7th ed., Washington, D.C.: Congressional Quarterly Press, 1990.

競賽一樣，要具備下述要件（Elements of game）。

一、參賽者（Player）：傳統參賽者爲國家（全世界有一百七十多個國家），新的參賽者爲國際組織（International Organizations）（數目相當大）。

二、競賽的工具（Instrument）：國力（National power），包括有形的（Tangible elements）和無形的（Intangible elements）。

三、競賽的場地（Arena）：現代的國際社會，也包括心理狀態，例如平等觀念，有贏也有輸之可能。

四、競賽目的：國家利益（National interest），包括重要（Vital）和次要（Secondary）、長期（Long term）、中期（Middle-term）和短期（Short term）的國家利益。

五、競賽規則：國際公法（International Law）。

六、競賽之手段：對外關係的工具，包括㈠外交（Diplomacy）、㈡宣傳（Propaganda）、㈢經濟（Economic）、㈣戰爭（War）。

在未詳細討論各要素之前，讓我們說明競賽是如何產生的？爲什麼要參加這最殘酷的競賽？在第一章我們討論政治涵義時，我們指出人在追求安全時因爲資源有限，因此衝突一定無法避免，有了衝突就要謀求解決之途徑。在國內，我們有政府來管理人與人衝突之事，但在國際上，無國際政府來管理各國衝突的事，因此每一個國家均要以自身的國力去和其他國家來競賽，因此國際政治理論上和國內政治性質是相同，現比較如下：

國內政治	國際政治
人追求幸福（包括個人自由與安全）	國追求國家利益
有限的資源	有限的資源
人與人起衝突（利益上）	國與國起衝突（利益上）
政府管理衆人之事（由政府解決各種衝突）	各國本著自身之國力和別國競賽

所以國際政治乃是國與國利用不同手段去解決衝突以維護自身國家利益的整個過程。

目前國際社會沒有所謂世界政府，也沒有超級政府來管理國與國之間的糾紛，各國以其自擁的國力和他國爭衡，最嚴重時導致戰爭。一定有人問，既然國際競賽是如此的殘酷，有沒有不參與的可能呢？在過去歷史上，日本、我國均有過孤立的念頭和做法（所謂閉關自守），但在殖民帝國之「門戶開放」政策下（Open Door Policy），被迫和外國通商交易。當然現在殖民時期已經過去，沒有人會用武力強迫你了，但情勢有變遷了，今天我們是生活在互相依賴的時代（Age of interdependency），人類生活已非常複雜，沒有一國可以關起門而可達到自給自足的地步。為了滿足人民需求，為了國家利益非和外界打交道不可，打交道就會發生衝突，就會發生政治現象。和國內不同之處，乃是在國際上國家要用自己力量去解決問題，難怪馬基凡里（Machiavelli）說國際政治是權力政治（International politics is power politics）。

第二節　國際競賽之要件

了解國際政治性質之後，讓我們進一步討論競賽之要件：

一、參賽者（Player）

國家和國際組織是兩主要競賽者。

國家是具有人民、領土、政府和主權的團體，它是國際法上的主體，可享權利，也可盡義務，在當今國際社會中大概有近一百八十個國家。

國際組織則是由國家組成來協助各參與國解決糾紛，達到其國家利益的團體。雖然和國家性質不同，但也被國際法承認為法人，可享權利

和盡義務（國際組織會在下一章再討論）❷。

國家和國際組織均是抽象名詞，真正競賽者是各國與各國際組織之決策者（Decision-makers），可能是總統、首相、外交部長或國際組織之秘書長等，因此要了解國家、國際組織如何利用國力或國際組織之資源去競賽時，我們應考慮到決策者的心態以及基本條件。在十五世紀的義大利出了一有名的哲學家馬基凡里（Machiavelli），他也被喻爲國際政治之父，他對決策者的分析是，要做好一個成功的決策者，一定要具備狐狸（Fox）與獅子（Lion）兩性格。他那本名著 *Prince*，是爲決策者所寫的法典。他的立論是狐狸善變狡猾，可以看到獵人的陷阱，而獅子兇猛殘暴，可以摧毀敵人。馬氏認爲一國之決策者最重要的任務是保護他的人民和國家利益，同時也保護他自己的權勢，在這前提下，他可不擇手段來達到這些目的（因爲這將政治與倫理分開之理論，引起後世對他的不滿與攻擊）。擁有狐狸與獅子性格之決策者，將立於屢戰屢勝之地步。現代研究決策的學者（Decision-making）借用馬氏的理論而改用現代的名詞，採用經濟人（Economic man）和政治人（Political man）來取代狐狸和獅子，經濟人和政治人的性格是：

經濟人：是理性重於情緒的（Rational）、是有足夠資訊（Well informed）、也即用足夠資訊（事實）來作理性的決定。

政治人：是權力的追求者、情緒化較重（Emotional）、願意冒險（Risk taking）、不在乎用武力。

在如此性格下，決策者願意用武力去達到政治上的訴求。

至於決策者何時要用何種性格，則視各決策者對國際關係的了解，是藝術上、技術上的問題，無法以科學方法來提供答案。不管用馬氏的

---

❷參閱 Bedjaoui, M., *International Law: Achievement and Propects*, Martinus Najhoff Publishers, 1991.

理論，或現代學者對馬氏的新解，重要的是決策者與常人之不同。常人可以以倫理道德來做人處事，但一國之決策者，他的責任重大（他的決策影響到全國人的生命與財產），所以他的公務上行爲不應受一般道德的拘束，舉數例來説明之。日本侵略我國時，明知道抗戰會死傷更多的中國人，你説，當時決策者蔣委員長應該怎麼做？是投降不會造成重大的死亡（中國人失去自由被日本人奴役），還是宣戰？結果死傷了數百萬人之多。我們能用一般倫常來衡量決策者嗎？另一例是在二次大戰結束前，美國總統杜魯門要決定是否用原子彈去炸日本，如果不用，更多美軍將死或傷，用了呢？可縮短戰爭，而減少戰爭帶來的痛苦，但長崎、廣島被原子彈炸後之悲慘情形又是如何去解釋呢！馬氏的理論指出國際政治是殘酷的，我們應認清國際政治之性質，然後接受事實，這和孔子所説那句「君子遠庖廚」是同樣的意思。

二、競賽的工具──國力

籃球比賽時兩隊用籃球作爲競賽之工具，足球比賽用足球，國際政治競賽則用各國之國力作爲工具。一國之決策者一定要有本錢作爲競賽時用的籌碼，沒有强大國力的國家在國際舞臺上不會演重頭戲。在研究國力的很多學者中，克萊恩（Cline）頗有創意，值得介紹❸。他的理論可用下面代數方程式來表示：

$$P_{\rho} = T \cdot \rho \times Int. \rho$$

Perceived Power	=	(Tangible Elements)	×	(Intangible Elements)
感受的力量	=	有形因素	乘	無形因素

現介紹有形、無形兩種因素。

㈠有形國力因素（Tangible elements）：乃是指下述可以用數字

---

❸Ray Cline，前美國情報總局副局長曾以國力的衡量而著有專書。

來衡量的要素：

1.人口（Population）：即人力資源，包括多少、年紀的分配、性別的分配，和教育程度。當今美國、日本、以前的蘇聯、中國大陸均是強國，均是人口眾多的國家。

2.領域（Territory）：包括領土、領海、領空。領域大小固然重要，是否處於戰略上重要位置也很重要。

3.經濟因素（Economic）：一國總生產額（GNP）、天然資源、基本原料，以及科技均是衡量經濟的因素（甚至市場也可算爲因素之一）。

4.軍事因素（Military）：包括軍備（武器）、軍力、訓練，以及將領的領導才能。

(二)無形國力因素（Intangible elements）：有些因素雖無法用數字去衡量，但它們對國力的影響一樣很重要。

1.國民之性格（National character）：國民是否刻苦耐勞、教育程度（文盲的比例）。

2.國民精神（National spirit）：對國家之認同以及願意對它作奉獻的程度（抗日時全國軍民一致抗日是例子）。

3.領導者之素質（Quality of leadership）：雖然很難測量出決策者的領導能力，但毫無疑問的是，領導能力對一國對外的影響。世上公舉的優秀領袖如英國的邱吉爾、法國的戴高樂、美國的華盛頓、印度的甘地。

克萊恩教授對國力測量的理論有兩大特色：

(1)一國之國力不是將其有形因素和無形因素相加起來，而是相乘。理論是如果你有力量，但如無用你力量之決心，和運用國力的智慧，那麼有形的國力也是空的。

(2)國力的存在是相對的，而不是絕對的，是對方感受到的想像力量。正因爲如此，假如美國是超級強國，但無用兵的企圖（美國人厭戰），

對別國壓力幾乎是零，所以才有些國家將美國比喻爲紙老虎。

三、競賽者追求的目標

有人說，任何國家之行爲均是有目的的❹，其目的則是追求或維護國家利益，何爲國家利益？由誰來決定？這是本節研討重點。

國家利益按性質和緩急二種方式來分類：

㈠國家利益之性質

按性質可分爲重大利益（Vital interests）和次要利益（Secondary interests）：究竟是屬於重大或次要是以決策者是否願用戰爭去獲取或維護。戰爭是要付出重大代價的，去維護的當然是重大利益，例如一國主權、領土、人民生命之保護等。次要國家利益則是決策者不願用武力去謀求，例如有關貿易、環保等問題。

㈡按國家利益要達到的緩急

按緩急可分爲長程（Long term）、中程（Mid-term）和短程（Short term）。長程國家利益是決策者了解有些國家利益的目標需要長時期的追求方可有成效，例如宣揚民主政治、達到限武以及世界和平等。中程國家利益乃是一些利益可以花些時間去追求，但也不能等得太久，屬於此類國家利益以經濟爲主，例如貿易平衡、能源自足等政策。屬於短程的則是決策者認爲這些利益一定要儘快的達到，例如爲保護在外居住僑民之生命，如果外力入侵，決策者一定要立即處理，達到維護的目的。

雖然國家利益在理論上可分爲重要、次要，長期、中期和近期，但最重要的認識則是，每一個決策者自己決定國家利益之性質和緩急。大家可以想像得到，決策者受到文化背景、國情、國力、內政的因素影響，

---

❹參閱 Wasby, Stephen L., *Political Science——The Discipline and Its Dimensions*, New York: Charles Scribner's Sons, 1970, p.529.

在分歧的原則下，爲國際競賽更增加了變數和不可預測性。因爲不同背景的決策者對國家利益定位也互異。

國家利益是國家參與國際競賽之推動力，如無國家利益之追求，即無國際衝突，無衝突則無國際政治。中國老莊哲學的世界觀，「小國寡民，老死不相往來」已不適於今天的國際環境，資源愈來愈少，人口愈來愈多，我們生活在互相依賴的國際社會，國際競賽將愈來愈激烈。

四、競賽場地（Arena）

競賽場地不祇是指國際社會空間而已，也包括競賽者心理條件。被喻爲競賽，一定要有平等地位的競賽者（Player），且每個競賽者均會有贏有輸的可能，這才稱爲競賽。例如主人與奴隸之間就缺乏這條件，這原理同樣適用在國際政治上，按此條件國際競賽到一六四八年才算開始，在這年之前世界上被三種權威觀念所控制❺。

在西方世界裡有羅馬教皇，根據宗教的實施，教宗的權廣及歐洲每個角落，也即羅馬教宗的管轄權是整個歐洲，其他歐洲小國祇能聽命於他，教宗永遠是對的，永遠贏，因此歐洲雖有不少國家存在，但無真正的國際政治。

在亞洲雖然也有不少國家，但中國最大最強，且中國在優勢下養成自大的觀念，自稱Middle-kingdom，而將其他小國喻爲蠻夷之邦，要接受中國之管制，因此在亞洲也無真正的競賽。

在歐亞洲之間尚有中東回教國家，按回教的教義，將人分爲信徒和非教徒兩集團，信教的（Believer）代表的是善，非教徒（Non-believer）代表的是惡，這兩集團永遠是在戰爭狀態中。政治包括衝突和協調，祇有戰爭，沒有協調之狀況下，在回教世界中亦無國際政治。

❺參閱 Buehrig, Edward, "Three Pattern of Authorities," *World Politics.*

一直到歐洲宗教戰爭（又稱三十年戰爭）結束後（1618–1648），歐洲國家簽訂了維斯凡里亞條約（Treaty of Westphalia）❻，在條約中定下了二大原則：(1)領土主權（Territorial sovereignty），即一國之主權（管轄權）以其領土內爲限，換句話說，各國均自理門戶，而不可干涉到他國之內政，(2)國家平等（Equality among states），不管國力強弱，在地位上一律是平等。在此兩條件下對國際政治有了新的影響，第一，有了獨立自主的競賽者——國家。第二，在平等原則下各國可以互相較勁，在競賽中將產生有贏有輸的現象，如此國際政治——競賽才開始。當西方這國家主權和平等觀傳到中國時，中國統治者不肯接受，在一連串衝突戰爭下，定了不少不平等條約，中國才慢慢接受了這兩項國際政治之新競賽規則。

五、競賽者可用的工具（Instruments）

這裡要討論的是各國爲達到維護國家利益所用的手段和工具，是國際政治中最重要的一環。簡單的說，是當一國之決策者在外交作業後選擇將以何種手段來付出代價，以贏取這場競賽。一般來說，決策者有下面四種選擇：㈠外交（Diplomacy），㈡經濟（Economic），㈢宣傳（Propaganda），亦稱心理作戰，㈣戰爭（War）。

國際關係就是指各國用上述四種手段與他國發生關係的行爲，因此有分別解釋之必要。

㈠外交

外交是一國用最理性最經濟也最常用的方法來解決國際問題之手段。理論上來說，祇要紛爭的雙方派出外交人員就該爭議用理性的商討，

---

❻The Treaty of Westphalia，維斯凡里亞條約是在歐洲三十年戰爭結束後於一六四八年締定，國家成爲國際社會的主體。

進而使爭端迎刃而解，表面看來非常單純，事實上，外交是一件非常艱苦的工作，要了解外交之全貌下面數項有討論的必要：

1.外交的本質：外交是一種協調之藝術，外交之最基本原則是在交涉時要作最少的代價換取最大的成果,也即是說成本效力達到最大限度。因為雙方均本著此原則作業，使過程變得非常艱苦。另一原則是在施出各種招式時而不能走到破裂，因此既要維護自己的利益，又得顧對方之立場，說是藝術頗不為過。

2.外交的目的：上文提到，除了透過外交解決和他國之紛爭外，外交尚有其他任務，外交人員代表國家（Representation），外交人員是國家自然的眼和耳，他們有責任收集各種資訊（Information），外交人員同時有責任盡最大的力量保護本國人在他國之利益（Protection）。

3.外交之層面：我們在談國際關係時，好像是一國和另一國單挑的關係，這不代表外交僅是如此，事實上很多紛爭是國際性的，很多國家涉及到某種問題，因此也有所謂國際會議方式（International Conference），因為問題涉及到很多國家，召開國際會議是最佳方式，其優點是所有涉及者可坐在一堂論事，困難的是人多口雜，很多重要問題很難在公開會議上解決。雖如此，國際會議外交模式有愈來愈普遍的趨勢，例如公海之運用、國際環保、人權問題均是透過國際會議方式達成協議的。

另一外交的作業是所謂高峯會議（Summit Conference），亦即指一些國家元首（外交最高之決策者）齊集一堂討論一些共同的問題。例如一九九三年十二月在西雅圖召開的亞洲經濟合作高峯會議，以及一九九四年七月在義大利舉行的七國高峯經濟會議（包括英國、法國、加拿大、德國和日本、美國及俄羅斯），高峯會議的優點是出席者均是各國之最高決策者，他們所承諾的往往可以很快的兌現，其信任度較高。其缺點則是當最高決策者出國參加會議,很多國內重大問題可能無法處理。

4. 外交的限度：外交雖然是最常用最理性最經濟的手段，但外交不是萬靈方式，外交作爲工具受到下面兩種限度：受到爭論議題的限制，在國際問題中有二種紛爭，一種是零和對抗（Zero-sum issue），一種是非零和對抗（None zero-sum issue）。前者是一方所得即另一方所失，得失相加爲零，而後者則非如此。按理論，屬於前者零和的問題，外交是無法達到任務的，例如主權問題、領土問題等。同時外交也受到決策者心態的限制，如果決策者無解決紛爭之心，再談也談不出結果。

涉及到外交的另一重要問題是外交豁免權問題，外國之外交人員在地主國享有特權，特權内容包括不受刑法和部分民法管轄權、免於繳稅的義務、不受海關檢查等權利❼。這種特權待遇在民主平等原則下，常常受到普通人民的抗爭與怨怒，但他們不知，外交人員具有特別的任務，爲了國際關係合作有時要付出一些必要的代價，這也説明政府爲了重要的國家利益而對管轄權之行使作容忍，更加上自己國家的外交人員在互惠原則下也享有同等的特權，到今天外交特權已成爲國際公法的一重要部分❽。

(二)經濟爲外交手段

經濟之所以能成爲外交手段，乃是國際間資源分布不均，全世界一百七十多個國家有的很富，有的很窮，有的天然資源很多，有的根本無天然資源，有的國家在科技上很先進，有的很落後。在如此不平均分配下，互相依賴成爲必然，既然各國均無法自足，在依賴情形下，經濟成爲重要有力的工具。就以超級強國美國來説，據研究之結果，在一百多項金屬中，絕大多數是靠進口，日本也是強國之一，同樣的，日本根本無天然資源，樣樣要進口，其他國家在經濟上也均是無法自足，需要他

❼參閱本書作者於一九七六年發表在 *Washington and Lee* 大學法學季刊題目爲 "Functional Compared to Traditional Privileges and Immunities," Winter.
❽參閱 Vienna Convention on Diplomic Immunity, 1961.

國供應。另一原因造成經濟爲當前國際關係之利器,乃是各國經濟架構不一,有的國家以農業爲主(農產品),有的國家以工業產品爲主,又有的國家以服務業爲主,更有的國家靠天然資源、貿易爲國際關係之重要角色,貿易頻繁下,貿易成爲以經濟的手段達到政治上的目的。

經濟手段有二大類型:經濟爲懲罰他國之工具或經濟爲酬賞他國之手段。

先談懲罰:基於各國經濟力量不同,和各國經濟架構之互異,一國可以針對他國在經濟上的弱點加以運用以收緊放鬆使對方就範。懲罰的方式很多,最常用的是關稅之增減、配額之控制(美國用最惠國待遇來影響中共人權政策)、禁買、禁賣等等。

再談以經濟作爲酬勞:最流行的方法是提供外援(Foreign Aid)。所謂外援乃是一國以提供金錢、物資和技術(包括資訊、知識、經驗之提供)給他國。有時外援是本著人道精神(救災時,如地震、水患等自然災害),但絕大多數的援外是有目的的。臺灣在經濟奇蹟下,國力(經濟力量)增強,常常以外援作爲外交上的手段,而被批評爲運用「金錢外交」❾。其實按學理來看,這是正常的運作。

其實遠在一九五〇年代冷戰剛開始時,美國、蘇聯均用外援作爲工具,尤其美國民主政治架構下,外援頗不獲人民之諒解與支持,因而國務院託學者找出理論來遊說國會給予財務上的支持。

最後作者要強調和提醒讀者的是經濟手段一定要在某種情況下生效:(1)被制裁國經濟狀況和需求狀況,(2)制裁國之決心(願意作何種程度經濟上付出之代價),(3)被制裁國是否可找到其他來源之代替者。

(三)宣傳、心理作戰(Propaganda)

---

❾雖然一些人士批評金錢外交的做法,但不能否認,由於臺灣經濟資本雄厚漸漸爲國際上重視。

　　宣傳乃是一國利用大衆傳播刻意的提供特定資訊，使其他國家的人民接受其心戰的目標，進而達到外交的目的❿。宣傳因此被認爲心理作戰，在我國古代歷史上就有很多心戰之史實，例如劉邦、項羽決戰之前，劉邦用心戰使項羽的兵將無心作戰而逃回家鄉，楚霸王項羽在死前大呼誰戰敗了他！不是劉邦，而是劉邦之戰術：心理作戰。在一九五〇年代到一九七〇年代臺海兩岸敵對下，在金門—廈門間互相用宣傳方式來影響對方心理，這是最佳範例。

　　宣傳爲對外關係手段更在美蘇兩超級强國冷戰時期，扮演極重要的角色。兩國均有專門機構主持，美國特制定新聞法（Information Act），根據此法新聞署在各國重要城市設立，並附設圖書館提供各種有關美國資源以及服務項目，以增加各國對美國之了解與好感。甚至又特設廣播電臺以達上述目的，如美國之音（Voice of America）和自由歐洲電臺（Radio of Free Europe）。同樣的蘇聯也有類似的措施。當時，宣傳、反宣傳、顛覆、反顛覆，真真假假，熱鬧非凡。在世界宣傳史上將占一重要席次。

　　宣傳各國會用，但那些是宣傳有效的要件呢？

　　1.宣傳内容要簡單有趣，枯燥無味無人聽、無人看。

　　2.要選對了宣傳之對象，一般來說，年輕的比年老的能接受觀念。

　　3.要不斷、長期的提供同樣之資訊，人思想改變是很慢的。

　　4.内容要一致，不可前後顛倒令人混淆，否則難收效。

　　5.宣傳時雖不一定要全講真話，但絕不能説謊，被人發現後就没人會再相信了。

　　宣傳需要很長時期才能達到效果，因此可用爲達到長程外交目的的手段。例如蘇聯的瓦解、東歐共產國家之崩潰均可説是受到西方民主國

─────────────

❿冷戰期間宣傳爲重要外交手段。

家長期宣傳的結果。

㈣戰爭（War）

雖然國際法認爲戰爭是非法行爲⓫，然而由於國際社會尚在成長成熟的時期，國際法尚不像國內法來得完整有效，因此戰爭仍然爲很多國家用來作爲謀求外交目的的手段。就以美國一向主張法治民主人權的國家，在近數十年內不知用兵了多少次，難怪一有名之戰爭學者克勞塞維茨曾說：「戰爭是一項政治工具，也是政治工具之延長，他們祇是達成同一目的的不同方法。」⓬

戰爭乃是一國以有計畫、系統的運用武力加諸在另一國家，以達到某種目的，因此內戰和冷戰不應包括在內，戰爭是一國以理性選擇的方式。

因爲各國爲了參加國際之競賽（往往是身不由己），國家花在軍備上的錢實在極爲龐大，據資料的發表，在一九九〇年世界各國總計花在軍備的是 $880 billion，由一九六〇年到一九九〇年三十年間各國花了將近 $24 trillion。

更令人深慮的事是在一九八〇年代三分之二的國家花在軍備上的經費超過他們用在教育、醫藥之總和，再加上擁有核子武器的國家愈來愈多，如發生核戰，將改變整個國際政治之競賽，我們要問，戰爭是否仍然用爲競賽工具呢？

國家（外交最高決策者）爲了達到外交上的目標，可以用外交、宣傳、經濟和戰爭作爲手段，下面是研究國際關係學者們之共識和關心的話題：

㈠外交手段要靈活運用，上述四種可以在不同時期靈活配用。

⓫聯合國憲章明文規定戰爭是違反聯合國制定的精神，同時承認各國有自衛權，也對集體安全制阻嚇侵略國家用武有所安排。

⓬參閱 Austin Ranney 的 *Governning* 書中有關戰爭的討論。

㈡外交決策者要將眼光放遠，有時不一定要贏得目前的爭論，外交是永遠不停之競賽，輸贏不受時間控制，但最佳的原則是決策者一定要將其國家放在未來更有利的地位，爲下一回合作準備。

㈢外交是手段，不是目的，因此手段在用時往往會被人認爲不合倫理（王道、霸道的看法），這也是作者在政治是髒事和藝術那節討論過的話題。

㈣決策者在制定外交目的時，一定要考慮到自己國力的情形，千萬不可將目標訂得太高，而無足夠的國力去付出。

㈤在民主政體中，決策者亦要考慮到國內政治情形。專制獨裁的國家，決策者可爲所欲爲，很少受到國內之限制，而民主政體中，國內一定有不少具有影響力的團體，爲了他們的利益，一定也會對決策者施以壓力，以美國爲例，國會、官僚系統、民意、利益團體，爲四大外交影響者。强盛的國力給予決策者充分之自由（可以大膽的去做），複雜之國內政治使決策者自由空間減少（壓力來自四方）。

第三節　維持國際和平的幾項方法

正因爲目前國際社會是分權的社會，没有權力集中的決策體爲國際紛爭下決策，因此每個國家均以自己國力來謀取自我的國家利益，而且國際社會缺乏共識之文化和意識型態，在如此分歧的國際社會中（被不同文化、政治、經濟制度等等所分歧），紛爭往往無法以理性的方式來解決，結果戰爭成爲政治之工具。戰爭是殘酷的，不但喪失生命，也毀壞了人們苦心的建築，更造成無法估計的財產喪失，尤其在核子武器時代，隨時有毀人毀己的可能，因此國家的領導人物以及學者們做出下述建議以防止戰爭之發生，進而達到和平的境地：一、權力平衡（Balance of power）；二、集體安全（Collective security）；三、裁軍（Disarmament）；四、和平方式解決國際紛爭（Peaceful settlement of dispute）；五、國際公法（International Law）。

現分述如下：

一、權力平衡（Balance of Power）

權力平衡建立在一理性的假想上，即戰爭乃是一方認爲有絕對的力量贏取勝利，如果國際間可以用不同的方式維持雙方權力均衡，那麼沒有一方認爲有絕對把握獲勝，戰爭就可免於發生。

希望達到權力平衡的方法很多，例如一方如果認爲有落後的現象，會極力去增加自己這方國力，或增加和他國締結聯盟。

歷史上用權力平衡的實例非常多（我國古代合縱、連橫亦是一例），最成功而且最久的要算第二次大戰後，美國與蘇聯領導下冷戰時期所用的權力平衡（由 1945–1990），兩集團均不斷的增加軍力，兩集團也不斷的在第三世界國家找盟友，雙方均用不讓對方超強爲名，尤其在歐洲，北大西洋公約（NATO, North Atlantic Treaty Organization）對上了華沙公約（Warsaw Pact）。在權力平衡或權力嚇阻下，第三次世界大戰並未發生，蘇聯也未出兵攻打西方，美國也未用武力侵占共產集團國家，戰爭是避免了，代價還是付得相當大❸。

二、集體安全制度（Collective Security System）

集體安全制度乃是根據基本概念，如果任何集體安全制度下的成員受到侵略和攻擊，則全體制度會認爲受到侵略和攻擊，所以本著你爲我，我也爲你的觀念下，整個制度之成員會同心協力對侵略者予以全力的

---

❸參閱 Neal Riemer and Douglas W. Simon的 *The New World of Politics*, 3rd ed., 1994, p.278

反攻和打擊，在如此的觀念下可以嚇阻一些可能成為侵略者的國家。集體安全制度理論頗合邏輯，如果集體安全制能達到預期的效果——阻止侵略者發動戰爭，一定要有下面幾項條件：

　　a.集體安全制度下的軍力一定要超過任何一可能成為侵略者國家的力量，否則無嚇阻的效果。

　　b.集體安全制度的成員一定要有團隊的精神，如果仍然各自為政，不願為集體盡力犧牲，集體安全制度則無法發揮。

　　聯合國憲章第七章就是根據集體安全觀念建立了一套集體安全制度❶。

三、裁軍（Disarmament）

　　裁軍之所以被學者認為是和平之道，乃是那些學者根據一基本的觀念，認為武器是人類戰爭之原因，如果將武器銷毀或減少，人類因無武器而不選戰爭為工具，換句話說，武器是戰爭之源。當然這種觀念不一定正確，更不被一般學者所接受，人類能為任何理由而戰，沒有先進武器時，人類就已有了戰爭，拳頭、石塊也用過。因此主張裁軍為和平之道的說法引起很多人反對，但毫無疑問，武器之競賽會增加雙方之不信任，不信賴往往會導致戰爭，因此裁軍限武對和平確實有些效力❶。

　　裁軍限武的一些問題：

　　㈠裁軍限武如果可能，第一件事就是各種武器軍備和軍隊可以非常精確的計算出來，否則雙方或各方怎麼能夠談如何去限制！

　　㈡武器雖可限，軍隊雖可裁，但限多少，裁多少呢？而且一國家不

---

❶聯合國雖參與了數次用武的過程，但沒有一次是根據其憲章規定從事的，參閱聯合國憲章第七章。

❶競武（Arm race）是基於人類不安全之心理狀態，為了謀取安全就希望擁有比對方更強的武力，對方也在這心態上較勁，因此雙方像滾雪球一樣，愈滾愈大。

可能無兵無卒無武器，人是永遠無法達到安全的，武器可能給予人類一些安全感，但競武反而失去那些擁武的安全，因此限武裁軍在技術上可行，但心理上的平衡往往非常難達到。

㈢因各國軍備之發展是不一樣的，有的注重陸軍，有的重海軍，當然有些國家重空軍，有的國家重軍備（武器），有的國家重訓練（以一擋百），如何裁？如何協調？技術上也頗爲困難。

四、和平方式解決國際紛爭（Peaceful Settlement of Dispute）

主張用和平方式來解除國際紛爭之學者認爲人是理性的，在國內環境下，有很多方式可解決人與人的紛爭，爲什麼那些方式不能適用在國際糾紛上呢？因此才建議在國際上盡量提倡用和平方式，聯合國憲章第六章就以此爲重心。

下面是幾項可行的和平方式，簡單介紹如下：

㈠外交（Diplomacy）：外交仍然是最理性、最經濟的方式，當雙方敵對時，理論上外交一定斷絕，如此在無直接交談以及獲得對方資訊情報之下，很可能引起猜疑不安，結果導致戰爭，因此聯合國憲章上希望對敵國能再考慮運用外交方式進行談判，化干戈爲玉帛。

㈡事實調查小組之運用：很多戰爭由誤會而發生，因此如果雙方在事實發生上有了爭執，可請第三者（人或國）組成事實調查小組（Fact-finding），調查後將結果公布給雙方，如此至少不會因不明事理而引起戰爭。

㈢第三者之介入：有時雙方在爭論中失去理性，不願直接談判（面子上不好看），在此時由第三者介入頗可免去戰爭。第三者之介入有下述數種：第三者斡旋（Good office）、第三者調停（Mediation）、第三者調解（Conciliation）、由第三者爲仲裁（Arbitration）。現分述如下：

斡旋（Good office）乃是第三者爲了保護敵對雙方的面子而出面斡旋，其目的仍是使雙方答應直接商討，因此斡旋者的目的祇是如此而已。

調停（Mediation）是第三者先做斡旋者，使敵對雙方答應商討，同時調停者會提供解決之方案給敵對雙方，因此調停者比斡旋者做得更多一些，但按慣例，調停者的建議無拘束力。

調解（Conciliation）和調停（Mediation）意義相同，由第三者提出解決的方法爲紛爭者做參考，而調解是比調停更制度化些。

仲裁（Arbitration）則是有爭議的雙方或多方由已設好的仲裁者（Arbitrator）去作最後結果之裁決，因雙方或多方事先已簽約接受仲裁，因此仲裁者之決定有法律上的效果。

法律途徑（Legal settlement）則根據國際法來解決國際間之爭端（在下章中介紹）。

第四節　國際政治之新趨勢

國際間經濟合作的頻繁改變了國際政治之性質。過去是以國家安全爲主，國與國之間強調主權，強調安全制度的建立和維持。近年來冷戰結束後，經濟合作取代了安全結盟，因此國際間提出一新問題，那即是經濟合作會導致國際和平？或某一集團之經濟合作會引起與另一集團競爭，進而導致戰爭？採導致和平論點的學者認爲，經濟的整合使各國財政和他國財政混合，爲了保護自己國家經濟投資，最好以和平方式解決爭端。根據此推理，經濟愈國際化，世界愈和平。由於此發展，學者更進一步的建議，經濟取代安全爲世界新秩序的基礎（Bases of world new order）。由於冷戰之淡化，國際合作的努力，暫時採此立論的學者頗可自圓其說，然而國際關係（本章已介紹）是非常複雜的，決策者的不穩定，使國際競賽（遊戲）變爲深不可測，變數實在太多。但很可

能在資源缺乏的時代，在許多問題需要國際合作才能解決之情形下，以及在世人厭戰的心態下，「經濟」決定國際秩序也是相當有道理的發展。

重要問題

一、試述爲何在一六四八年前没有真正的國際政治？

二、克萊恩教授是如何測量一國之國力？他的理論特色是什麼？

三、外交決策者應具備怎樣的性格？你同意這理論嗎？

四、如何將國家利益分類？

五、略述「外交」作爲國際政治之手段。在那種情形下外交是無能爲力的？

六、爲何經濟可以成爲國際政治有力的工具？

七、宣傳在何種情形下會產生良好的效果？

八、在何種情形下有所謂「合法戰爭」？

九、略述改善國際政治環境的幾項建議。

參考書目

Barston, B. P., *Modern Diplomacy*, New York: Longmans, 1988.

Brown, Segon, *New Forces, Old Forces, and the Future of World Politics*, Glenview, IL: Scott, Foresman, 1988.

Beitz, Charles, *Political Theory and International Relations*, Princeton: Princeton University Press, 1979.

Claude, Inis, Jr., *Power and International Relations*, New York: Random House, 1962. *Swords into Plowshares: The Problems and Progress of International Organization*, 1984.

Dougherty, James, and Robert L. Pfaltzgraff, Jr., *Contenting Theories of International Relations: A Comprehensive Survey*,

3rd ed., New York: Harper & Row, 1990.

Fromkin, David, *The Independence of Nations*, New York: Praeger Publishers, 1981.

Gilpin, Robert, *War and Change in World Politics*, Cambridge: Cambridge University Press, 1981.

James, Alan, *Peace keeping in International Politics*, New York: St. Martin's Press, 1990.

Jones, Walter S., *The Logic of International Relations*, 5th ed., Boston: Little Brown & Co., 1984.

Keohane, Robert O., & Joseph S NYE, *Power and Independence: World Politics in Transition*, Boston: Little Brown, 1977.

Krasner, Stephen D., ed., *International Regimes*, Ithaca: Cornell University Press, 1983.

Khan, Jushi M., ed., *Multinational of the South: New Actors in the International Economy*, New York: St. Martin's Press, 1986.

Morgenthau, Hans J., & Kenneth W. Thompson, *Politics among Nations*, 6th ed., New York: Alfred A. Knoff, 1985.

Riemer, Neal Simon, Douglas W., *New Thinning and Developments in International Politics*, Maryland University Press, 1991.

Russett, Bruce M., & Harvey Starr, *World Politics: The Menu for Choice*, 2nd ed., New York: St. Martin's Press, 1985.

Spanier, John, *Games Nations Play*, 7th ed., Washington, D.C.: Congressional Quarterly Press, 1990.

Vasguez, John A., ed., *Classics of International Relations*, 2nd ed., Englewood Cliffs, NJ: Prentice-Hall, 1990.

Waltz, Kenneth N., *Theory of International Politics*, Mass.: Addison-Wesley Publishing Co., 1979.

第十八章　國際法和國際組織

（International Law &
International Organizations）

學習目標

國際法之性質與現況（Nature of International Law）

國際法之淵源（Sources of International Law）

國際法與國內法之關係（Relations between International Law & Domestic Law）

國際法之重要內容

國際組織在今天國際社會之重要性

前 言

由一六四八年維斯凡里亞條約締訂以來，國家一直是國際社會中的競賽者，由於國家過分重視自我的權益與主權觀念，國際上有過無數次大型小型的戰爭，再加上國際問題日趨複雜，國家本身已無法解決一些國際性的問題，逼使國家想出其他方法來解決，國際組織即是國家們想出的良方之一，透過國際合作以解決國際性問題。

同時有鑑於國內司法成功的例子，不管是屬於何種意識型態的國家，何種類型的政治系統，每一政府均有司法來維持社會秩序，保障成員之安全，因此我們很自然的可以提出下面頗合理的問題：如果人類社會在國內可以採司法為有效工具，為何不能在國際社會建立良好的司法制度呢！再加上在國際社會中已用了不少工具、方法來解除紛爭，防止戰爭之發生，然而戰爭仍然被決策者選為解決問題的有效工具，為了防止核戰的發生，人類最後的希望是用法律來決定國家行為之規範，本於此想法，國際法乃成為人類為未來選擇的道路。

第一節　概說：國際法與國際組織

在國際關係一章中，作者在最後提出各國因本於自己國家利益而互相爭衡，結果是造成混亂動盪不安之世局。有鑑於此而提出各種方案來改善國際環境，其中有兩項最有效用，因此特在此章中討論。國際法和國際組織均是建立在國際合作大前提上，亦即國際社會成員要有一種共識，認為祇有在共同遵守和互助合作之下，國際社會才可以維持，進而國家利益方可達到。首先談國際法（International Law）。

如同其他問題一樣，國際法為維護國際間和平之手段，這問題也分

成贊成和反對兩派系。採贊成國際法爲有效工具的學者本著人類社會之經驗，他們認爲人類社會之所以可以繼續生存、發展均是靠法律之維護，每一個國家均有他們的法律體制，因爲法律是人類行爲之規範，人類生活在羣體中爲了追求其自我的目的，一定會和他人發生衝突，有了衝突則一定需要建立一種公平客觀的規範來控制人的行爲,此規範即是法律。本著邏輯原理，既然每個國家均是人類社會，均有法制，爲什麼國際社會——大的人類社會怎不可以建立一套有效的法律體制呢！❶

　　採反對國際法爲有效工具的一派，則以現狀爲理論之根據，他們認爲國際法不具備法律應有的要件。法律之要件爲㈠明確之行爲規範，㈡此行爲規範適用在整個社會成員身上，㈢如違反了該規範，違反者將受到制裁。再看當前國際法的性質，它沒有一特定之立法機關，法律來源有的是國際條約，有的是慣例，所以不太明確，其次是國際社會之成員有權選擇是否接受國際法的機會，例如國際條約，非締約國是不受到拘束的，國際慣例祇實用在已往接受該慣例的國家，如以前曾反對該慣例的國家則對他無拘束力；這和國內法效力完全不一樣，在國內，不管你接受或不接受，你均受到法律之拘束。再者，國內法之違反者會受到行政機關按法律的制裁，但在國際社會現有架構的今天，缺少一強而有力的執行機關，因此國家違反國際法時（尤其是大國），根本無法對他們加以制裁，本著上面三種原因，採反對看法的則說國際法根本不是法（International Law is Not a Law）❷，祇是國際道德的一種。

　　作者則認爲，兩派均有其立論根據，我們不一定要加入一派反另一派，今天重要的是國際社會的需要，如果沒有規範，在今天核子戰爭邊緣上運作的危險是事實，而且大家千萬不要忘記，各國之國內法制往往

❶國際司法機構（International Judicial System）應包括：國際立法機關、國際行政機構（執行）以及國際司法機關。有了健全的制度方有助於國際和平的推展。
❷參閱有關國際法的書籍時，這問題均會提到。

是集了百年甚至千年的演進而達到今天的地步，而國際法，祇有三百年的歷史，它尚是在嬰兒時期，祇要給它時間，假以時日，各國會養成對它肯定的心態，在如此合作下，國際法自然會成熟。

以下將分別介紹國際法之來源，國際法和國內法之間之關係，以及國際法主要內容。

第二節　國際法之法源（Sources of International Law）

國內法大部分是由一國之立法機關制定而來，而國際法沒有一權力集中的立法機構，根據國際法庭組織法（Charter of International Court of Justice），國際法來自下列四法源：國際條約和公約（International Conventions and Treaties）；國際慣例（International Customs）；文明國家法律之一般原則（General Principles of Law Recognized by Civilized Nations）；以及國際判例和有名國際法專家之著作（Legal Scholars' Opinions）。前兩項因其採用性高而被稱為主要法源，後兩項實用很少，被稱為次要法源。現分述如下：

一、國際條約與公約（International Conventions and Treaties）：為了需要，國家之間以及國際組織與國家之間締結了不知多少條約，不是每一個條約均是國際法之來源，要屬於創法條約（Law-Making Treaty）才可。創法條約的條件是：㈠在制定條約時就有將該條約定位為國際法之法意，㈡很多國家均加入此條約（簽署和批准）。國際條約之所以為主要法源，乃是條約是需要締約國簽署批准才有拘束效力，因此新興國家均認為，自己簽的才是法律，也是規範（共產和社會主義國家也本此原則接受此項為主要國際法法源）。

二、國際慣例（International Customs）：慣例乃是老的、舊的做

法，也即是行之已久而產生責任感的規範，認爲應該去遵守。和國際條約的情形一樣，不是每一慣例能成爲國際法之法源，唯有具有國際性的慣例方可。在此原則下，如果屬於地區性的慣例就不是國際法之法源，另一關於國際慣例的規定是，如果在慣例形成階段一國曾明示反對意見時，該國將不受拘束，更另人難以置信的是，新興的國家根據慣例是歐洲老舊國家所形成，而它們沒有加入慣例形成的過程，因此不接受慣例，以前共產國家也採同一的立場。

三、文明國家法律上的一般原則（General Principles of Law Recognized by Civilized Nations）：在沒有上述二法源爲依據時，可用此爲補助的法源，然而因用文明兩字，引起很多新興國家的反感和反彈。

四、國際法庭之判例以及國際學者的意見：基本上來說，國際法庭之判例對日後事件無拘束力，各案案情不一，主體互異，因此判例不能成爲國際法法源。但在無其他法源時，判例可以用來作參考。又世界各國國際法法學權威之意見有時也會作法院判決之參考，由於適用非常少，故此項爲次要之法源。

第三節　國際法與國內法之關係和效力之優先順序

國際法與國內法關係非常密切，但有時兩者有牴觸時，何者效力爲强而優先呢？這問題有兩種學理來解決：一元論（Monist Theory）和兩元論（Dualist Theory）。㈠一元論者認爲國際法和國内法是屬於同一系統，如兩者無衝突，則各適用在不同的事件上，如果兩者在適用時有牴觸時，則又有二派不同之意見：A．國際法效力强過國內法，如有牴觸，則先用國際法。B．另一派則認爲國內法强過國際法，如有牴觸應先採用國內法。美國的解決途徑是，國際法和國內法一樣效力均是最

高法律（Supreme Law of Land）❸。但如果國際法和憲法牴觸，則採憲法，因爲憲法是至上的，任何法律規章與憲法牴觸者則無效，這也包括國際法，如果國際法與國內立法（國會經過立法程序而制定的）相牴觸，則按新法强過舊法原則來處理，既然國際法和國內法同等效力，就要看法律與國際法定的時間而決定。㈡二元論者認爲國際法與國內法根本不屬於同一法系，兩者淵源不同，兩者主體不同，兩者適用之機構也不同，因此不應有牴觸的可能。

第四節　國際法之主要內容

雖然有些學者懷疑國際法之效力，在三百多年因實用慣例、國際條約之制定，國際法所概括的也相當廣泛，也集下可觀的規範，這一節簡單的將內容介紹如下：

國際法主要的目的是維護國際主體（Subject of Law）之權益，因此國際法對國際法主體有詳細的規定，主體有二種：國家和國際組織。主體享有一定的權利和盡一定的義務。和主體有密切關係的是承認（Recognition），承認可分爲國家之承認（Recognition of State）和政府之承認（Recognition of Government）。承認雖是政治行爲，但具有法律之效果❹，同時在承認問題上有所謂法律承認（de jure）和事實承認（de facto）兩種❺。另一國際法所規範的主題是管轄權問題

---

❸參閱憲法與個人權利（第三章）有關美國憲法之效力。

❹承認（Recognition）有幾種理論：有一種是所謂 Constitutive Theory，乃是國家因承認而獲國際法地位，另一種是 Declarative Theory，乃是承認是承認國宣布其心態，因此與被承認國之地位無關，大部分國家採信後者，然而一經承認，承認國與被承認國因而產生一些法律上的效果，例如可以在法院提出訴訟。

❺法律承認是屬於正式承認，不可隨意修改，而事實承認乃是短期間的，是可以事後改變的。

（Jurisdiction）。管轄權基於領土（Territorial Jurisdiction）和管轄權本於國籍（Jurisdiction Based on Nationality）。國際關係日趨頻繁，各國爲了使外國使節能充分盡其任務而有外交豁免權的規定（Privilege and Immunities），亦即國家爲了國家其他的利益（外交、貿易、國防等）而約束自己不行使其管轄權。

　　國家與國家間由於國家利益之需要而簽訂條約（Treaty），條約成爲國際法重要的一環。國際法對條約之主體、條約之要件、條約之解釋、條約之廢除均有詳盡的規劃，條約是國與國之間的契約，是決定權利義務的文件❻。

　　國際法中另一主要内容是如何以和平方式解決國際紛爭之規定❼。國際法和其他法律一樣，是決定國家行爲的規範，當面臨新問題時，就會有新的法律產生，當人類紛爭由陸地轉向海上轉向太空時，海洋法（Law of Sea）和太空法（Space Law）也漸漸透過國際協定而形成。近代民主觀念加强，人權觀念的提倡，人權保障也成爲國際法的努力目標，當然環保以及反毒品等國際問題慢慢也會透過國際管道形成規範，所以國際法仍在不斷成長中。

第五節　國際組織（International Organizations）

　　由於國際關係日趨頻繁，國際問題更形複雜，國家本身已無法解決國際性的問題，在此前提下，國家們加入由國家爲個體的組織，以達到共同的目的，此種組織即爲國際組織（International Organizations）。在此節中我們要討論國際組織的分類，下節再簡略的介紹聯合國之組織

---

❻國際條約已成爲國際間重要工具，條約公約規定甚細甚詳（Law of Treaties）。
❼在上章中已討論過，各和平方式也包括在聯合國憲章之中。

和功能。

國際組織之分類：

國際組織數目相當多，大致上可有下述兩種類別：

一、按其成員分布情形，可分爲普遍性國際組織（Universal International Organizations）和地區性國際組織（Regional International Organizations），前者的成員分布在世界各地，後者是祇限於某一特定地區。例如聯合國爲普遍性，而 OAS（Organization of American States）國家國際組織則屬於地區性，因爲所有成員均在美洲。

二、按其目的也可分爲兩類：特殊性國際組織（Special Purpose International Organizations）和一般性國際組織（All Purposes International Organizations）。

第六節　聯合國簡介

根據聯合國憲章，聯合國有六大機構：

一、聯合國大會（General Assembly）；爲聯合國最高決策機構，由各國派代表所組成，在各國平等原則下，每一會員國祇有一票，投票程序按問題的性質而定，一般性問題祇需過半數，重要問題則需三分之二多數才可。在聯合國成立初期，聯合國大會權限較小（安全理事會權大），但由於冷戰因素，蘇聯、美國互相制衡下，安理會失去作用，再加上由一九五〇年後期很多新興國家參與聯合國，會員日增，聯合國大會權力漸漸擴大。

聯大的職責大致爲：㈠討論及評議；㈡選舉（大會主席和副主席，其他理事會之成員，國際法庭之法官，聯合國秘書長等）；㈢決定聯合國之預算；㈣批准權（包括新會員入會以及憲章之修正等事項）；㈤設立專門委員會處理特定問題。

二、安全理事會（Security Council），安理會有五國爲常任理事國（Permanent Member），美國、中國、英國、法國、蘇聯（現由蘇俄代表），加上十個非常任理事國（任期二年）。安理會最重要的職責是維護國際間的和平和安全，因此有權考查任何國際爭端並可提出建議，尤其有權決定爭端是否有造成違害國際安全和平之可能而採取行動，最大的權責則是其所有決定對全體會員國有拘束力。

所有非程序問題均需九位理事國支持，九位中五位包括所有常任理事國，因爲此安排，常任理事國每會員國均有否決權（Veto），在冷戰期間，前蘇聯曾投下百次以上否決的票，使安理會癱瘓。當初聯合國成立之時，給予安理會常任理事國否決權之用意是，祇要五強國通力合作一定可做到國際安全、和平之維持，沒想到的是由於意識型態，以及國家利益的追求，五強未能通力合作，安理會未盡到憲章上給予的職守。

三、經濟、社會理事會（Economic and Social Council），設立此理事會之用意乃是國際間經濟、社會問題需要更合作方能解決，例如有關國際間經濟、社會、文化、教育、衛生以及人權問題，由於職務廣，理事會組織也大，共有五十四個理事國，每年選出十八國任期三年，所有決定以過半數爲準。該理事會下又設立了不少特有的組織，例如人權委員會（Commission on Human Rights）、煙毒委員會（Commission on Narcotics），以及四大經濟委員會（Four Economic Commission）。

聯合國在維護國際和平上雖未盡人意，在經濟、社會以及其他有關事務上，由於經濟、社會理事會所作的努力，成效相當可觀，尤其國際經濟愈頻繁，該委員會工作愈繁重。

四、托管理事會（Trusteeship Council），該理事會建立的立論是託管國有責任教導受托管地區的人民養成獨立和自主的觀念，由於托管地區在過去數十年中已紛紛獨立，托管理事會已功成身退。

五、國際法庭（International Court of Justice），該法庭設在海牙，

十五位法官由聯合國大會和安全理事會共同分別選出，任期九年，該法院之特色爲：(A)法院一般來說無強制管轄權，一定要爭端兩造協議讓法院裁決才有管轄權限，(B)唯有會員國可以爲法院之一造（原告或被告），國際組織祇能請求指導式的意見。由於此限制，國際法庭的案件不是很多。

六、秘書長與秘書處（Secretariat），聯合國像其他機構一樣，需要一行政系統來執行所有之職責，因而設有常設的秘書處，秘書長爲最高首長，由安理會推薦，大會通過之。由於過去東西冷戰，秘書長均是由中立的小國家人選擔任。秘書處工作人員應忠於聯合國，爲了保障他們獨立的精神，他們雖非外交人員，但享有國際公務員之權利（International Civil Servant）。

最後要談一下國際合作的新趨勢，最明顯的是合作性質與目的的改變，由過去的國家安全（軍事）變爲經濟的繁榮爲合作之基礎，政治性的軍事結盟改爲經濟整合。其次爲全球性的國際組織改爲地區性的合作，最明顯的實例是歐市（European Community），雖然政治性的問題無法完全解決，但歐市的成功經驗減低了過去法國與德國之間的敵意，最近在西雅圖舉行的亞太地區經濟合作會議也是在此架構與精神上召開的。

重要問題

一、爲何一些學者認爲國際法根本不是法律？其立論根據是什麼？

二、試討論國際法之法源。

三、國際法和國內法之關係有所謂一元論和兩元論之區別，試評論之。

四、聯合國重要機構爲何？

參考書目

Bennett, A. Leroy, *International Organizations: Principles and Issues*, 5th ed., Englewood, NJ: Prentice-Hall, 1990.

Claude, Inis Jr., *Swords into Plowshares: The Problems and Progress of International Organizations*, 4th ed., New York: Random House, 1984.

Crawford, J., *The Creation of States in International Law*, Oxford University Press, Oxford, 1979.

D'Amato, A., *The Concept of Custom in International Law*, Ithaca, New York: Cornell University Press, 1971.

Gross, Leo, *The Relevance of International Law*, Schenkman Publishing Company, Combridge, Mass., 1968.

Grieves, Foresth, *Conflicts and Order,* Houghton Mifflin Company, Boston, 1977.

Hass, Ernst B., *Why We Still Need the United Nations*, Berkeley, Calif., Institute of International Studies, 1986.

Henkin, Louis, Crawford R. Schachter O. and Smit, Hans, *Interna-*

tional Law, West Publishing Company, St. Paul, MN, 1987.

Krasner, Stephen D., ed., *International Regimes,* Ithaca: Cornell University Press, 1983.

Sheick, Ahmed, *International Law and National Behavior*, John Wiley & Sons, New York, 1974.

Slomanson, William R., *Fundamental Perspectives on International Law*, West Publishing Company, St. Paul, MN, 1990.

Spanier, John, *Games Nations Play*, Holt, Rinehart, and Winston/- Praeger, New York, 1978.

Stoessinger, John C., *Why Nations Go to War*, 5th ed., New York: St. Martin's Press, 1990.

Wallace, Rebecca M. M., *International Law*, Sweet & Maxwell, London, 1986.

Zieglar, David, *War, Peace and International Politics*, Scott, Foresman, Little Brown Higher Education, Glenview, IL, 1990.

第十九章　政治哲學
（Political Philosophy）

學習目標

政治哲學對政治學研究的重要
西方影響後世重要的政治哲學家及其理論簡介
 (1)Plato 柏拉圖
 (2)Aristotle 亞里斯多德
 (3)St. Augustine 奧古斯丁
 (4)St. Thomas Aquinas 聖湯姆斯
 (5)Machiavelli 馬基凡里
 (6)Thomas Hobbes 霍布斯
 (7)John Locke 洛克
 (8)Edmund Burke 柏克
 (9)John Stuart Mill 彌勒
 (10)Karl Marx 馬克斯

前　言

政治哲學是研究政治學最古老方法之一。哲學家和科學家是不一樣的，科學家的目的是解釋現象，哲學家是提出合理化（Justification）。哲學家面對人類的各種問題提出他們理想化的解決之道，是主觀的，往往和現實有段距離。正因爲現實（Reality）太多弊病、太多瑕疵，尤其人類政治生活更是太多不公不平，甚至殘酷無情，面對這些，哲學家們用推理找出最佳、最完美、最理想的做法，希望作爲標準、作爲執政之目標，希望政治達到最佳狀態（Political excellence）。

正因爲哲學家主觀理想化和現實不符，有很多學者批評哲學家不是爲人類立標準，是爲天使立標準，不實用、不切實際，所以不要重視他們的論點（馬基凡里就是如此批評他的先進）。如此批評哲學家當然不是完全沒有道理，重要的是他們忽略了哲學家們可能的貢獻。首先哲學家不是無病呻吟，是有感而發，他們一定對現實有不滿、有憤慨，由這一點我們應承認哲學家能找出問題，進而按他們的推理，用他們的智慧提出解決問題的方案，並且對其方案提出足夠的理由。如此的做法使後人可以對其所處的情形有客觀衡量的標準，可以看出現在所擁有的是好是壞！所做的是聰明或愚蠢！所以我們妥感謝這些大智之哲學家，沒有他們，我們不知政治是否可以改得更好、更完美！

政治哲學家所關心的共同問題：

一、什麼才是美好的生活？（Good life）

二、誰應該統治？（Who should be the ruler?）

三、什麼是正義？（What is justice?）

四、什麼政府是最好的政府？

五、統治者應如何統治？

六、人性問題：是善？是惡？

第一節　西方政治哲學家理論簡介

對一位中國讀者而言，我國古代哲學家孔子、孟子、老莊、韓非子
等的理論均知道一些大概，對西方哲學家的理論就很少知曉。而政治學
的研究還是西方走在前面，西方哲學有關政治的一些問題觀念有助於我
們對政治學全面的了解，故本書特別以最後一章簡介西方重要政治哲學
家們的理論。

一、柏拉圖（Plato）

柏拉圖雖然以理想國（Republic）最有代表性，其實他哲學的重心
則是其對正義（Justice）所下的定義。他認為政治的最終目的是維護
正義，什麼是正義呢？他首先承認人的智慧才能是不一樣的，因此各人
在社會上的職業和成就也會不一樣，假如透過教育，不但可以訓練同時
可以發現各人之才賦，本著各人之才賦予以安排職業，如此各敬各喜其
業（本著他自己的才能），這就是正義。按他的解說，因為本著自己的
才能來分配工作，你一定可以勝任而沒恐懼之感，而且每個人各盡其才
各在其位，如此社會就像一部機器，每個人均是大機器的零件，零件優
良，機器運轉一定達到最完美境地。

在正義原則下，整個社會透過教育可分為三階級，以下圖表示之。

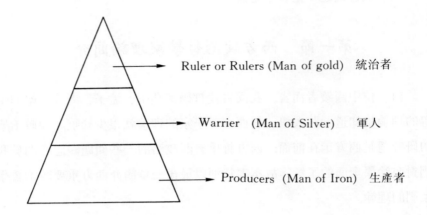

教育不但可訓練各階級，同時按教育之程度作爲淘汰的標準，生產者是受技術教育（Man of skills），軍人是熱血的優秀青年（Man of passion），統治者是智慧的決策者（Philosopher-king）。

按柏拉圖的理論，以上三階級均有其特性（人格和訓練），各有專業，這樣的政府是最理想的政府，尤其在哲君（Philosopher-king）的領導下，絕對走的是最佳路線（最好的政策），因爲智者怎可能犯錯？既然智者掌權，政府一定可以長治久安（權力永遠不會誤用或濫用）。

很明顯柏拉圖的理論是爲人治提出最佳證詞，祇要找對了決策者，一切問題就可迎刃而解。

二、亞里斯多德（Aristotle）

亞里斯多德是柏拉圖最得意的學生，亞里斯多德受到他老師的影響很深，然而他不同意柏拉圖人治爲理想國之立論，他也無法接受哲君（Philosopher-king）不會做出不智的決策。在其代表作 *Politics* 一書中，他將他以比較方式研究的結果提出一種可以實行的政體 Polity——憲政的民主體制（Constitutional democracy）來取代其老師所提的理想國。

在第二章中我已對亞氏政府理論有了介紹，在這兒我再簡單的提一下，他認為由一人主政的君王政府，和多人主政的貴族政府均可成為好的政府，祇要君王和貴族在執政時以全體人民利益為政策的出發點。但君王因一人享有大權很容易淪為暴君（Tyranny），少數貴族主政也容易淪為寡頭政治（Oligarachy），暴君和寡頭政體均是以主政者利益為目的，所以均是壞的政府。然而如果將政權給予多數人手中而無限制，則會淪為暴民政治（Mob）。所以民主（多數決的政府）一定要受到憲法的限制，如此不是人治而是法治，法治的政府是最穩定最能為民（大眾）謀幸福的政府。

亞里斯多德對後世最大的貢獻就是其法治的立論，二十世紀是民主世紀，憲法化（Constitutionalism）成為風尚，其淵源來自亞氏的 Polity。

三、奧古斯丁（Augustine）

奧古斯丁（354-430）是中古世紀基督教長老，是宗教哲學大師。他有鑑於當時一種說法，認為基督教的興起是羅馬帝國崩潰的主要原因，因此他以 *City of God*, 神之城一書來說明基督教並非是和政權相衝突的。換句話說，他是希望代表宗教的教會不是執政者的敵人。教會和政府實在各有各的職守，他的二城論是如此的：

City of God（神之城）	City of Man（人之城）
愛神進而愛人 充滿愛 充滿和平 是正義和自由的	人類在人之城中祇愛自己 不愛神，也不愛其他人 充滿紛爭 罪惡

人最終的目的是要成為 City of God 的一員，但在生之年人一定要生活在 City of Man 中。按他的分析，人的政治生活是悲觀的，但可以改進的，但不管在現實生活中是如何的壞，人們應接受政府的管理和執

政者之統治，尤其現實的政治生活是短暫的，要修而進 City of God，人必須過盡這一生，他反對人有革命的權，如此的理論使教會和執政者互相有領域，不會爲權勢而相爭。

四、聖湯姆斯 (St. Thomas Aquinas)

奧古斯丁雖提出理論說明人類屬於二種不同的王國，在生之時屬於政治的國家，人死之後進入另一王國——天國（而教會則是天國在世上的代理），所以原則上不應有衝突。然而人類總是人類，在團體生活中離不開權和利，所以在歐洲當時，教會和政府一直在爭，誰是老大，誰該管誰。

聖湯姆斯 (1225-1274) 也是宗教哲學家，但他比奧古斯丁更理性，他接受亞里斯多德的理論，認爲國家是自然產物，國家有其目的（滿足人類在世的物質需求），國家有正面肯定的作用。他也是宗教人士，信仰其上帝爲一切之造物者，所以他必須支持教會，基本上他的目的和奧古斯丁是一樣的，希望教會和政府能和平相處。

聖湯姆斯以法律的定位來達到他的目的，他將法律分爲四類：永恆法則 (Eternal law)；自然法則 (Natural law)；人制法律 (Human law)；神旨 (Divine law)。

㈠永恆法則 (Eternal law)，來自上帝的智慧，管理一切（理性的動物和非理性的創造物），因爲這些法則來自上帝，而上帝是不朽的，所以這些法則是永恆不變的。

㈡自然法則 (Natural law)，在永恆法則中有一部分是專管理性動物的人類，他稱它爲自然法則，而自然法則的來源是人的理性，而理性來自上帝的智慧。

㈢人制法律 (Human law)，在不同人類社會裡，按其環境，按其需要，人類制出不同的法律（或不同的習俗），而法律的來源仍然來自

人類的理性。

㈣神旨（Divine law），上帝愛人類，希望人類變得更好，而贈予人類的禮物（Gifts of God），例如十誡等，而這些法則可以默化人類的心，使人類成爲合乎倫理的理性動物（Moral being）。

聖湯姆斯不但將法律作上述的分類，而且説明上述法律是相輔爲用，並非互相衝突的，他説既然自然法是永恆法之一部分，所以兩者不可能衝突，既然人制法也來自同源（人類之理性），所以不可能和自然法相違背。人制法是自然法之補充，自然法立下大原則，人制法是用在特殊狀況下。表面上看來各國有不同之法律，那是因爲各國環境不一，如果仔細看他們就不難發現他們均來自自然法。那麼有了人制法爲何尚要遵守神旨呢？（教會推擴的）他的理論是，人制法祇能在一人犯罪後懲罰他，而神旨可以默化人之心，心正就不會去犯法，這更足以代表神愛世人的明證，可以四法同源，而代表、執行各法的更不應互相排斥、爭權。

五、馬基凡里（Niccolo Machiavelli）

馬基凡里是西方哲學家中最爲人爭議的人物之一，喜歡他理論的把他的立論視爲金科玉律，討厭他理論的把他罵得一文不值。其實馬氏和其他政治哲學家一樣，是有感而發的。當時他處的義大利是内憂外患的混亂國家，政治腐敗，倫理道德喪失，馬氏最大的願望是如何使義大利人能夠團結，進而變爲强大的國家。他的答案是要找出重術的領導者（Prince），馬氏的哲理大致可以分爲下述數項：

㈠政治與倫理要分開（Separation of morality from politics）：倫理是人們心靈和行爲之規範，他認爲政治是權力的整合、擁有和運用，如果決策者被倫理拘束，他將無法放開手去做，而政治的目的是維護國家的獨立自主，進而求得人民之福祉，在這大前提下，政治是没有罪可犯的（There is no crime in politics, only mistake）。

㈡公德與私德要分開（Separation of public morality from private morality）：正因爲他主張政治與倫理分開，他不得不主張決策者之私德（Private morality）要和公德（Public morality）分開。換句話説，在決策時不要因小仁而忘卻了大仁，大仁則是國家的利益，因此我們不應用常情常理來論決策者。

㈢決策者爲達目的應不擇手段（End justifies the means）：這也是值得爭議的，馬氏認爲祇要目的是正確的——維護國家利益，決策者可以用任何手段。

㈣執政者應具有獅子和狐狸的性格（Lion and fox mentalities）：獅子兇猛，使人畏懼，狐狸狡猾可以發現陷阱，而決策者就應具備兩者之性格，如此才能繼續主政，如此才能使國家强盛。

正因爲他的主張與當時以及後世倫理道德不合，所以很多人批評他，攻擊他的論點。其實馬氏有他的另一面，在亂世，需要上述的領袖，在太平時代馬氏則認爲共和體爲最佳（Republic），因爲共和國才能達到自由、獨立、更團結、更安全，國力更强大的地步，而共和體的要件則爲：(1)素質高的人民。(2)法治而非人治的政府（憲法）。(3)民意發達，人民參政層次高。(4)强大的軍隊。(5)英明的領袖。

六、霍布斯（Thomas Hobbes）

在霍布斯之前的政治哲學家均將重點放在國家、政府，或上位的決策者，很少研究組成國家的人民。霍布斯一改過去的做法，以一般人民爲哲學的重心。他主張國家（政府是國家的代理）不是自然的產物，也不是神創造的，國家是人們透過社會契約而建立的（Social contract），因此人們是國家的製造者，國家是爲人民服務的，如此立論使國家由目的變爲手段（End changed to means）。

首先他主張人性是惡的，人是自私、自大、貪而無厭、永遠不滿足

的。這樣的人類如果在無政府管理下（自然狀態 State of nature），一定是人吃人戰亂的地獄，在這種人造的地獄中，人可享有100％之自由，但他無時無刻要保護自己，所以他是0％安全。在這種狀況下，文明無法建立，人在被迫下用其微弱的理性而和其他人透過契約而建立了國家，因爲人不信賴他人，所以一定要僱人來管理政事（控制各人的行爲，亦即限制各人之自由），在如此情形下，最能達到此目的的政府是極權政府（Totalitarian），政府的權力可以達到人每種行爲上，人民因進入契約而獲得安全（自由是付出之代價）。霍布斯以森林和籠子來比喻，森林中你可享充分的自由，但你無安全，在籠子中生活，你有了安全，但你失去了自由。霍布斯的立論是人最怕死，所以祇有選擇籠子。

霍布斯爲極權獨裁者找出了哲學上的論點，在他之前腐敗的君王尚感到內疚（倫理道德、宗教的規範），由霍氏以後，那些壞的君王可以名正言順的放手去做，他們會説，壞的人民需要惡法來控制他們。

七、洛克（John Locke）

霍布斯的理論雖將人民作爲政治之重心來研究，但他對人類是悲觀的，因而有極權主義的論點。另一社會契約大師洛克則採樂觀的立論，他認爲人性既非惡，也非善，人生時是沒有觀念的，就像一張白紙一樣，因此人如果在無政府狀況下生活在一起不會變爲地獄，而是和平的狀況（State of peace）。在這種狀態中，人受自然法的規範，然而人會犯錯，人犯了錯就要被罰（這也是自然法則之一），而每個人都是犯錯人的執法者，但人有不同意見，有不同看法，爲了執法可能引起紛爭進而進入戰爭狀態（State of war），所以人爲了避免戰爭狀態（霍布斯的立論是人要逃出戰爭狀態才進入契約），而簽下契約。正因爲人類在無政府下仍然可以生存、生活，所以契約中一定不願接受極權式的政府和管理，洛克的政府是憲法政府，一方面可以提供安全，一方面仍然保障人民之

自由。

洛克契約的重點是：

㈠政府應屬於共和體（Republic），亦即民主之政府。

㈡政府是憲政的政府，憲法給予也限制政府權限。

㈢政府權力是有限度的（有異於極權政府）。

㈣政府是責任政府，向人民負責。

㈤政府是代議政府（人民選出的政府）。

洛克的社會契約說深深的影響到美國憲法（參閱憲法那一章）。

八、柏克（Edmund Burke）

近代西方哲學家主張保守（Conservative）學派的先鋒要算是柏克了，他對英國之傳統以及政治有狂熱，他保守的論點主要的是爲英國找出立論之根據。他主張憲法不是一羣人訂下的契約（他反對社會契約說），憲法是時間的結晶，是歷史的產物，是前人經驗留下的證明。如果憲法中不適合的做法就會被淘汰，所以留下的均是合乎自然，所以均是好的是要保護的。由這基本立論，我們可以看出他的目的是爲既得利益的上位者找理論根據。

他同時非常讚賞英國之政府，認爲是全能的政府，在英國政府中有君主的成分（Monarchy），有貴族的成分（貴族院），有民主共和的成分（平民院），在如此安排下是最合理、最合英國國情的政府，而每一種政府之優點均可以反映在英國政體中。

柏克另一重要保守之論點是對改革的看法，他當然知道任何社會均不可能一成不變，他反對以武力的革命，因爲革命所付的代價太高，他主張改革要漸進，速度要慢，範圍要小，否則會導致混亂，一切以謹慎爲原則（Prudence）。

他的立論是近代保守人士的經典。

九、彌勒（John Stuart Mill）

柏克是保守派的先鋒，彌勒則是自由派的宗師（Liberalism），他同意邊沁（J. Bentham）的實用主義（Utilitarianism），認爲政府要以增加人民快樂，減少人民痛苦爲執政之準則（增加快樂，減少痛苦即是幸福）。政府的存在就是以謀求人民幸福的，什麼樣的政府才能做到上述的準則呢？他的答案是民選的代議政府（Representative Constitutional Government）。

民選的代議政府最能反映民意，人民最了解自己的需求，而憲法的政府是控制政府濫權的手段，政府在行使權力時要根據憲法。

彌勒的憲法主義（Constitutionalism）影響到今天民主憲政的潮流，幾乎絕大多數國家均有憲法，根據彌勒的分析，政府權力實在太大，如不加以限制（憲法），人民之自由權益將無法獲得保障，他這種重視人權、對政府權力加以限制的論點爲近代自由主義人士立下了先河。

十、馬克斯（Karl Marx）

就反共人士來看，馬克斯的共產主義是病理學是歪說，過去在臺灣是不准去研究的，其實馬氏的理論和其他哲學家一樣，是對現實不滿而提出改進的方案，他不滿的是資本主義，他認爲資本主義剝削社會大衆，維護資本家的權益，現在讓我們看看他立論的方式和根據。

㈠他對人性的看法，他主張性惡說，人是自私的，人是貪求的。

㈡他的經濟理論，他認爲人爲了生存、生活，一定要滿足其物質的需求，在滿足物質生活時，一定要有生產方式或生產工具（Mode of production），因此人類之經濟生活決定人類其他的生活。

㈢社會階級的形成，正因爲人爲了生存需要滿足物質生活而製出生產工具，因此社會上自然的形成二大階級，一是擁有生產工具的人，另

一階級是非擁有生產工具的一羣人，而此兩階級各爲自己利益而爭，所以階級鬥爭必然會發生（Class struggle），尤其他認爲擁有生產工具的人一定控制整個社會之資源和發展，社會中的文化、倫理、音樂、藝術、政治、法律均淪爲特權階級的工具。階級之間一定不平等，不平則鳴，所以無產階級一定會造反（在農業社會，農地是生產工具；工業社會，資本和機器爲生產工具）；擁有土地之地主，擁有資本、機器之企業家均是特權階級。

㈣馬克斯對資本主義的看法：他認爲資本主義最大的敵人是自己，因爲資本家是自私的，不願和他人分享利潤，因此資本家互相殘殺，其結果是人數愈來愈少，而無產階級（工人在工業社會，農人在農業社會）人數不但增多，而且生活愈來愈苦，尤其是在工業社會裡，工人在工會的組織下漸漸養成了團隊的觀念,再加上工人所面臨的困難均是一樣的，長的工作時間，差的工作環境，微薄的工資，其結果一定是導致無產階級革命（Proletariat revolution）。正因爲資本家是自私的，所以要資本家有良心是不太可能，所以馬氏主張祇有用革命手段才行。

㈤革命後是無產階級專政（Proletariat dictorship），按馬克斯的看法，唯有將生產工具讓全民享有，才足以消除階級和避免革命之再發生。

馬氏是哲學家，他以推理提出主觀的理論，很明顯，近年來共產主義在東歐、前蘇聯的失敗，以及西方和其他採資本主義成功的國家的範例，説明其立論的錯誤和偏差，也很可能因爲馬氏的論點，使資本家們了解自己可能造成的後果而願意作適度的調整，難怪有所謂有人面的資本主義之説（Capitalism with human face），誰能説馬克斯理論一無好處呢！

重要問題

一、政治哲學究竟有何重要性？

二、政治哲學家所關心的是那些問題？

三、人治、法治的優缺點，以西方哲學家論點來説明之。

四、西方哲學家中那些人主張自然法？自然法之特性是什麼？

五、比較霍布斯和洛克之異同。

六、比較柏克與彌勒的論點。

七、馬基凡里爲何使後人爭議不休？

八、馬克斯的基本論點是什麼？

參考書目

Barker, Ernest, *Principles of Social and Political Theory*, Oxford: Oxford University Press, 1951.

Bernstein, Richard, *The Restructuring of Social and Political Theory*, New York, 1976.

Flathman, Richard, ed., *Concepts in Social and Political Theory*, New York, Macmillan, 1973.

Rawls, John A., *Theory of Justice*, Cambridge: Harvard University Press, 1971.

Riemer, Neal, *Karl Marx and Prophetic Politics*, New York, Praeger, 1987.

Sabine, George, *A History of Political Theory*, New York: Holt, 1937.

Talmon, A. J., *The Origins of Totalitarian Democracy*, London: Secker & Warburg, 1952.

Tinder, Glenn, *The Political Meaning of Christianity: An Interpretation*, Baton Rouge: Louisiana State University Press, 1989.

Wolin, Sheldon, *Politics and Vision*, Boston: Little Brown, 1960.

Zuckett, Catherine H., ed., *Understanding the Political Spirit*, New Haven: Yale University Press, 1988.

總結論

在緒論中我就曾提過，本書是為對政治有興趣、初學入門的讀者而作的，討論的雖然是嚴肅的觀念和理論，介紹的是專業的知識，我盡量避免用專有難懂的名詞，而以通俗的語調、深入淺出的寫法研討政治學基本理論，希望讀者有足夠的知識為以後進一步深入研究政治時作好準備。

本書的安排以一般美國大學政治學導論架構為主，在書中也用了不少美國的例子和資料，一方面如此安排係針對國內政治發展的趨勢，似乎在很多方面美國對國內發展影響很大，另一方面我在美國三十年，二十多年之任教心得，對資料運用感到自然些。

現代的人愈來愈現實，學生也不例外，他們常問為何要學政治學？有什麼好處？一般人認為「政治」、「運動」和「性」均是常識和意見，尤其在民主政治下，人人可表示意見，而且個個談起來是頭頭是道，何必花時間去學呢！我覺得可由二角度來回答，第一政治和人類其他事物一樣，是現象，人遇到了現象，尤其不懂的現象，就會好奇，就感到不安，學政治學可以為你解惑，不但可滿足你的好奇，也進而給予你安全感。其次是民主政治是全民參與政治，你還非懂不可，在君權、神權的過去，政治是統治者的事，今天民主時代，政治是眾人之事，亦即你、我、他每個人之事，尤其一社會的政治愈民主，人民參與層次愈高，有了基本政治知識，你不但了解政治遊戲的作業過程，而且也幫助你有能力去評估當政者之表現，進而在參與時做出更好的判斷，人求知就是要使明天過得更好，人們了解政治也是如此。

　　另一學生關心且常問的是政治學應如何去研究？亦即政治學研究的方法。政治學和其他學問一樣，是隨時代而變的，在古時（中、西均一樣），政治學是哲學的一類，哲學家以主觀價值判斷來論事，以"ought to"或"should"即「應該是如何」作爲結論，他們將一切理想化，當然答案均是最完美的。一直到十九世紀憲法成爲風尚，因此很多學者以憲法或憲法所規定的政府組織爲研究對象，在此時仍以價值觀爲基礎，他們以爲憲法是如此寫的，政府就會如此去做。當學者們發現蘇聯、德國以及一些獨裁者均有一部寫得很好的憲法，但均未遵照憲法，漸漸對過去研究方法有了懷疑，認爲應實事求是要以事實爲研究之重心，而此時科學發展達到成熟階段，尤其心理學、社會學均很成功地借用了科學研究的方法（觀察、實驗等），因此政治學者們也大膽的去嘗試用科學方法作研究而有行爲學派（Behavioral）之產生，所以到一九五〇年代過去稱「政府學」的改名爲「政治科學」（Political Science），由一九六〇到一九七〇年初行爲學派出盡了風頭，在傳統派的反攻下，行爲學派才慢慢收斂。傳統學派指出行爲學派的短處：研究的均是不足輕重的小問題，於大局無補；同時指責行爲學派往往爲現存的既得利益找理論根據；而且政治現象千變萬化，即使找出理論，也行之不久。

　　今天的美國政治學界已一片詳和，而進入了所謂超行爲學派（Postbehavioral Approach），這是傳統和行爲兩派協調的結果，大部分的政治學者承認傳統學派的貢獻，也承認行爲學派的合理地位，而且認爲兩派不應互相排斥，相反的應互相利用所長以補所短，重哲學的傳統派提供主觀的價值判斷，重科學的行爲學派提供客觀的實證事實，主觀的價值是重品質，客觀實證事實重量，如此合作下，政治學既重質又重量不是更好嗎？因此在如此發展下，政治學的研究一定會更上一層樓的。

三民大專用書書目——國父遺教

三民大專用書書目——政治・外交

政治學	薩孟武	著	前臺灣大學
政治學	鄒文海	著	前政治大學
政治學	曹伯森	著	陸軍官校
政治學	呂亞力	著	臺灣大學
政治學概論	張金鑑	著	前政治大學
政治學概要	張金鑑	著	前政治大學
政治學概要	呂亞力	著	臺灣大學
政治學方法論	呂亞力	著	臺灣大學
政治理論與研究方法	易君博	著	政治大學
公共政策	朱志宏	著	臺灣大學
公共政策	曹俊漢	著	臺灣大學
公共關係	王德馨、俞成業	著	交通大學等
中國社會政治史㈠～㈣	薩孟武	著	前臺灣大學
中國政治思想史	薩孟武	著	前臺灣大學
中國政治思想史（上）（中）（下）	張金鑑	著	前政治大學
西洋政治思想史	張金鑑	著	前政治大學
西洋政治思想史	薩孟武	著	前臺灣大學
佛洛姆(Erich Fromm)的政治思想	陳秀容	著	政治大學
中國政治制度史	張金鑑	著	前政治大學
比較主義	張亞澐	著	政治大學
比較監察制度	陶百川	著	國策顧問
歐洲各國政府	張金鑑	著	政治大學
美國政府	張金鑑	著	前政治大學
地方自治概要	管歐	著	東吳大學
中國吏治制度史概要	張金鑑	著	前政治大學
國際關係——理論與實踐	朱張碧珠	著	臺灣大學
中國外交史	劉彥	著	
中美早期外交史	李定一	著	政治大學
現代西洋外交史	楊逢泰	著	政治大學
中國大陸研究	段家鋒、張煥卿、周玉山主編		政治大學等

三民大專用書書目──法律

三民大專用書書目——心理學